Über dieses Buch »Die Bücher von Michel Leiris sind Entwürfe gegen das wort-lose Scheitern und auch gegen die wort-gewaltige Emphase. Das Scheitern ist Angelpunkt eines Lebens, das sich auf das Schreiben bezieht, und eines Schreibens, das ohne eine entsprechende Lebenserfahrung nicht denkbar wäre. Der spielerische Umgang des Autors mit der Sprache ist immer geprägt von den ›Spielregeln‹ seines Lebens – eine existentielle Dimension, in der Umformungen ihre Kontinuität erhalten.

Seine Faszination vom Stierkampf korrespondiert seinem Wunsch, die Sprache wie ein Torero zu beherrschen. Er zeigt sich als Herr und als Opfer einer Leidenschaft auf Leben und Tod: das Ungetüm Sprache zu packen, im Strudel der Worte zu sprechen, den Schwindel als Trug und als Besessenheit mit Lust und Angst festzuhalten und ihm zu entweichen.

Stierkampf, Selbstentblößung, Reinheit, Totalität und Poesie sind für Leiris die Schlüsselworte in dieser Zeit, die aber kein ›Schatzkästlein‹ öffnen, nur zuweilen einen Spalt zu dem Verborgenen und Maskierten, zu den Trugbildern, Ordnungen und Labyrinthen. Verbunden weiß sich Leiris in diesen Neigungen und Leidenschaften seinen Freunden André Masson, Georges Bataille, Laure und Pablo Picasso« (Herausgeber Hans-Jürgen Heinrichs).

Der Autor Michel Leiris, 1901 geboren und 1990 in Paris gestorben, Ethnologe und Schriftsteller, gehörte der surrealistischen Bewegung an, arbeitete seit den 30er Jahren als Ethnologe am Pariser Musée de l'Homme und schrieb kontinuierlich an seinem autobiographisch geprägten dichterischen Werk. – Weitere Titel von Michel Leiris im Fischer Taschenbuch Verlag: »Die Lust am Zusehen« (3609), »Bacon/Picasso/Masson« (3610, »Das Band am Hals der Olympia« (3613).

Michel Leiris
Wörter ohne Gedächtnis
Große Schneeflucht

Aus dem Französischen von
Simon Werle und Dietrich Leube
Mit einem Beitrag von
Felix Philipp Ingold

Herausgegeben
und mit einem Nachwort
von Hans-Jürgen Heinrichs

Fischer Taschenbuch Verlag

Überarbeitete Ausgabe
Veröffentlicht im Fischer Taschenbuch Verlag GmbH,
Frankfurt am Main, Februar 1991

Lizenzausgabe mit freundlicher Genehmigung des
Qumran Verlags, Frankfurt am Main
Die französische Ausgabe von »Wörter ohne Gedächtnis«
erschien unter dem Titel »Mots sans mémoire« bei
Editions Gallimard in Paris

Die französische Ausgabe von »Große Schneeflucht«
erschien unter dem Titel »Grande fuite de neige«
bei Mercure de France in Paris

Umschlaggestaltung: Buchholz/Hinsch/Hensinger
Umschlagabbildung: Joan Miro, ›Ziffern und Sternbilder‹

Druck und Bindung: Clausen & Bosse, Leck
Printed in Germany
ISBN 3-596-10415-7

Inhalt

DER GROSSE HIMMELSPUNKT

Für Georges Limbour

I

FLIESSEND BLUT UND WASSER AUF ALLEN STOCKWERKEN

... um den Verkehr jener Leiber einzuschränken.

Ich war im Theater. Ein kleines Mädchen in Weiß war gerade an die Rampe vorgetreten und fragte:

»Wo ist Auguste?«

Die erstaunten Schauspieler sahen sich wortlos an, der entlarvte Verräter verließ wankenden Schrittes die Bühne, und versöhnt fielen die Helden einander in die Arme unter dem Beifall des Saales; alle Zuschauer hatten sich von den Sitzen erhoben, um einen Ausgang zu beklatschen, der auf so geschickte Art und Weise den geheiligten Prinzipien von Religion, Familie, Vaterland, Kapital und Arbeit zum Sieg verhalf.

Ich war darauf gefaßt, daß der Vorhang über dieser Apotheose niederginge, um so die Darsteller der aufdringlichen Begeisterung der Menge zu entziehen, aber zu meiner Überraschung traf meine doch so einfache Vorhersage nicht ein.

Der Vorhang blieb oben, oben für immer, während die Bühne sich verdunkelte, als ob die Leinwand des Nichts sich über sie gebreitet hätte und die Schwärze an die Stelle jedweden Dekors getreten wäre hinter der Rampe, auf der noch Licht brannte wie auf einem Balkon über einem Abgrund.

Indessen leerte sich der Saal wie üblich – als sei nichts geschehen –, und ich hörte, wie die Leute beim Hinausgehen einander zu dem schönen Abend beglückwünschten, den sie verbracht hatten. Die Beschließerinnen in scharlachroten Hauben überzogen die Sitze mit grauen Hüllen, ohne mich zu beachten, der ich unbeirrt an meinem Platz die Augen auf die noch immer erleuchtete Rampe gerichtet hielt, die mittlerweile das zwiefache Dunkel der Bühne und des Saales durchschnitt wie ein Schwebebalken aus Licht, auf dem ein Seiltänzer den großen Todessprung oder die gefährlichen Kunststücke in der Weite des leeren Raumes hätte ausführen können – wenn die Vernunft nur mehr ein Faden ist, ein Strahl, der zwischen zwei Grenzen ausgespannt ist, die man zu kennen vermeint, über dem offenen Raum des Unerkennbaren, in dem sich unbekannte Zuschauer scharen, um deinen beschwingten Schritt, du Tänzerin, die zierliche Rundung deiner einzigartigen Schenkel und deinen Busen zu bestaunen mit seinen prallen Ausbuchtungen, die sich zu allem eignen und die stets in die aphrodisische Spitze der roten Beere münden.

Ich stand also da, in korrekter Aufmachung mit meinem schwarzen Anzug und einem Zylinder unter dem Arm, und wartete darauf, daß der Saal sich völlig leerte, um den Schabernack zu treiben, der meinem eigentümlichen Naturell entspricht. Die letzte Beschließerin war verschwunden, aber hier und da vernahm ich noch ein Geräusch auf den Gängen und den Kassierer, der wie jeden Abend einen Teil seiner Einnahmen in den Kellern des Theaters versteckte.

Der Mann war einst mein Freund gewesen. Er hieß Alfred und hielt Tänzerinnen aus. Auf dem Kopf trug er immer ein schwarzes Käppchen, das er sogar beim Liebesakt aufbehielt, hatte einen Bauch so faltig wie ein Koffer voller schäbiger Gefühle, die kaum eine Geldbörse hätten füllen können, eine schlaffe Rute und einen stumpfen Blick, der es nie mit dem Senkblei aufnehmen konnte, wenn das Geschlecht dem Gliederbau der Liebe forschend nachgeht, der auf Treibsand gegründet ist, so daß von einer Stunde zur anderen seine senkrecht aufstrebenden Mauern einstürzen können.

Ich hatte mich anläßlich irgendeines galanten Abenteuers mit diesem Einfaltspinsel überworfen: es ging um eine Frau, die ich ihm sozusagen entführt hatte, wo er doch seit über einem Jahr ein Viertel der täglichen Einnahmen auf die Seite brachte, um durch sein bißchen Geld die scharfkantige Medaille zu ersetzen, die manche Menschen an Stelle des Kopfes tragen und die ihnen aller Orten als Passierschein dient. Ich wußte, daß er der schlimmsten Schurkereien fähig war, und wollte nicht von ihm überrascht werden auf der Reise, die ich unternehmen würde durch die geheimnisvollen Kulissen des großen Theaters, auf den baufälligen Treppen, die zu den Geheimlogen führen, in denen die Schönen sich in den Hüften wiegen, in der makellosen Schminke ihres Blutes und der Schutzwehr ihrer Arme, die hochgezogen sind wie Zugbrücken, wenn ein Angriff bevorsteht.

Als alles Licht erloschen war und Goldstücke weder in meinem Kopf noch zu meinen Füßen mehr klirrten, entschloß ich mich, über den Orchestergraben hinwegzusetzen, mit einem Satz den Balken aus Licht zu überspringen, und mit geschlossenen Fersen kam ich auf der Bühne auf, die mittlerweile vom Saal abgetrennt war durch ein Fallgatter aus Licht, das mich in der dunklen Grotte, in die ich mich vorgewagt hatte, genauso abschirmte wie der Sturzbach eines Wasserfalls.

Vom Deckengewölbe hingen Blätter herab, die ich zwar nicht sah, deren Umriß mir aber sachte über das Gesicht fuhr und die nach Druckerschwärze rochen. Ich konnte mir nicht erklären, wie das Dekor seit dem Ende des Stückes hatte wechseln können, denn der letzte Aufzug spielte in einem Salon, und so schaltete ich eine kleine Taschenlampe ein, um zu sehen, wo ich war.

Der matte Lichtschein, der aus der Glühbirne drang, zeigte mir einen Wald – oder besser eine Waldimitation in einem englischen Park. Die flachen Stämme ragten schwankend im kalten Wind empor, der sie umzuwerfen drohte, und auf ihrer Rückseite las ich Plakatreste und obszöne Inschriften.

Wie hatte diese Landschaft an die Stelle des Mobiliars treten können, das soeben noch auf der Bühne umherstand? Ich wußte es nicht. Zur Erklärung konnte ich bestenfalls auf den Irrtum eines Technikers zurückgreifen, der vielleicht durch einen versehentlichen Knopfdruck auf der Schalttafel in einem einzigen Augenblick diese Vegetation hatte entstehen lassen, von der ein Gestank nach Fett und Staub ausging, den die Feuchtigkeit der Luft noch deutlicher hervortreten ließ unter den Ausdünstungen schwitzender Leiber und billiger Schminke, die die dreihundert Darstellerinnen zurückgelassen hatten, wie das Meer bei seinem Rückstrom am nassen Gestade alte, halb verfaulte Algen, Flaschenscherben und zersplitterte Knochen zurückläßt.

Behutsam überquerte ich die Bühne in der ständigen Angst, eine Falltür hinabzustürzen, die sich plötzlich unter meinem Schritt öffnen könnte und mich vielleicht für immer in das unterirdische Labyrinth des Theaters hinabstürzen ließe, zwischen verrostete Donner- und Blitzmaschinen, wo ich in Schaltkabel verfangen wäre und außerstande, mich aus diesen Fallstricken zu befreien, aus Furcht, durch die kleinste Bewegung eine Serie künstlicher Katastrophen auszulösen, deren geringste Unannehmlichkeit darin bestünde, daß ich auf jeden Fall entdeckt werden würde.

Im Gehen dachte ich an die Unbefangene, die Heldin des Stückes, ich erinnerte mich an gewisse Laute ihrer Stimme, und allmählich erwachte in mir das Verlangen, in ihre Loge einzudringen, um ihr einen kleinen Toilettengegenstand zu entwenden – ein Häubchen oder einen Zeichenstift –, den ich als ebenso kostbar hüten würde wie ein Tröpflein ihres Blutes, jenes unzerstörbaren Rouges, das uns nur verläßt, um den Farben des Todes zu weichen.

Die Unbefangene war ein kokettes junges Mädchen, das arglos seinen Rock lüftete, um sein Unterkleid aus Spitzen zu enthüllen – Spitzen so weiß wie das Zifferblatt der Turmuhr, wenn es auf Mitternacht zugeht, durchbrochen wie der Winterwind, leicht wie die Finger, die sie mit einem Zartgefühl berührten, das Angst einflößte oder in Tränen der Wehmut ausbrechen ließ.

Vielleicht hatte ich schon ihretwegen die Rampe durchbrochen, die mich vom Taumel trennte, ihretwegen darauf gewartet, daß die Zuschauer und Beschließerinnen in ihren Löchern verschwänden, obwohl vermeintlich nur der Reiz der Leere mich anzog, als ich geglaubt hatte, die Szene sei vor meinen Augen verwandelt in jene Wüste, die jeder Schöpfung voraufging.

Ich rechnete nicht damit, auf Anhieb zum Schlupfwinkel jenes Mädchens hinzufinden, aber ich zählte auf die Hilfe eines Wunders oder eines verborgenen Instinkts, der mir den richtigen Weg zeigen würde.

Ich hatte bereits die Vorstellung, dieser Schlupfwinkel könne sich nur unter dem Dachfirst des Theaters befinden, in seinem höchstgelegenen Teil, dem unzugänglichsten und entlegensten, der von der Bühne durch ein Labyrinth von Gängen und Treppen getrennt war, nur schwach erhellt von Gaslaternen, deren fahler Glanz Mäuse, Ratten und anderes, noch lichtscheueres Getier in die Flucht schlagen sollte.

Ohne darauf zu achten, hatte ich einen engen Korridor betreten, über dessen Wände und Deckenwölbung nackte Frauen gemalt waren – ein und dieselbe nackte Frau, die tausend Mal in der gleichen Haltung wiederkehrte: auf einer Wand das rechte Bein, auf der anderen das linke und ihr Geschlecht auf dem Schlußstein, von dem eine Öllampe herabhing, deren Flamme das Schamhaar bildete. Die Rümpfe lagen über meinem Kopf, rosa wie alte Badekostüme, deren Flickstellen dargestellt wären durch die abgeblätterte Farbe, und alle zehn Schritte lächelte das gleiche Gesicht herab auf mein Haar, das ich wehen spürte wie unter dem Hauch eines wirklichen Atems.

Je weiter ich vorankam, desto ausgeprägter wurde die Halluzination: ich schritt nicht mehr einher in einem steinernen Gang, sondern zwischen den leibhaftigen Schenkeln einer Frau und ihrer unzähligen Doppelgängerinnen, zwischen den gespreizten Beinen der Unbefangenen, der koketten Tänzerin, die ich unermüdlich durch das Labyrinth ihrer Gaukeleien verfolgte. Ich war verzückt über die mit Händen greifbare Schmiegsamkeit ihres Leibes, und ich wünschte sogar, ihre firnisüberzogenen Füße möchten sich weiter und weiter voneinander entfernen – bis zum vollkommenen Spagat, so daß der Schlußstein auf die Höhe des Bodens zu liegen käme und mich zu Tode quetschen würde in einem Schraubstock aus lebendem Fleisch, Holz und Bruchstein.

Unterdessen wehte mein Haar heftiger, ich sah die Mauern atmen und die Lippen auseinandertreten unter dem Anstrom des Blutes und dabei weiße Zähne entblößen wie die Zinnen einer Zitadelle, in deren Mitte die hellrote Fahne der Zunge wehte. Die Brüste schwollen an, bis sie fast meine Stirn berührten, Haare fegten über mein Gesicht, und glatte Arme umschlängelten mich, boten mir ihre Fingernägel wie rosa Flamingos.

Ich wußte nicht mehr, wo ich mich befand, und fragte mich, ob ich nicht in dem Wald des Theaters geblieben war, der mich narrte durch seine geheimnisvolle Fauna oder durch Luftspiegelungen, die in der Wüste eingefangen worden waren. Die Plakatreste und die Graffiti, die ich auf der Rückseite der Bäume gelesen hatte, waren jetzt Tätowierungen auf der Haut der nackten Frau. Die ganze Weltgeschichte war auf ihrem Körper abgebildet, Sintfluten und Erdbeben hatten den Maßstab von körperlichen Gebrechen, und die Völkerwanderungen waren dargestellt durch einfache Namensänderungen um ein pfeildurchbohrtes Herz. Die Fahrt der Argonauten endete einige Daumenbreit entfernt vom Geschlecht; unter den Hügeln der linken Hand hielt der Hundertjährige Krieg seine Ritter samt Rüstungen verborgen; in der rechten Hand schließlich hausten die größten Völker:

die Bewohner von Atlantis	im Daumen
die Cimmerer	im Zeigefinger
die Maya	im Mittelfinger
die Ägypter	im Ringfinger
die Pelasger	im kleinen Finger

Ich hatte soeben die Schilderung des Sklavenkrieges zu Ende entziffert, als ich spürte, daß einige Tropfen einer zähen und heißen Flüssigkeit auf meine Lippen fielen. Gleichzeitig sah ich von der Spitze einer Brust in der Nähe meines Mundes einen Tropfen glitzernder Milch perlen. Ich fing ihn mit einer Fingerspitze auf, um meine Lippen damit zu benetzen, aber sowie ich diese Bewegung vollführt hatte, verschwanden alle Leiber, es waren weder mehr Beine noch Geschlechter noch Haare zu sehen, und ich befand mich am Ende des Ganges, am Fuße einer kleinen Treppe, während flügelschlagend, mit einem sachten Wellenrauschen, auf der Leinwand meines Gedächtnisses das Wort erschien:

FRIVOLITÄT

Mit klopfendem Herzen stieg ich die Treppe empor, sprang von Stufe zu Stufe, ohne mich um das Knirschen zu kümmern, das auf ihren möglichen Einsturz hindeutete, und bald hatte ich eine kleine Tür erreicht, in der festen Gewißheit, dies sei der Eingang zur Höhle der Unbefangenen, jenes Mädchens, hübsch an Leib und schimmerndem Reiz, das mich an seine launischen Posen gefesselt hatte durch den Bogen seiner Augenbrauen, die entflammt waren wie ein Herz in Liebesglut.

»Schachbrett billiger noch als Weißbrot, Welt, ebenso hoch, wie sie zerbrechlich ist«, rief ich aus, »man muß den Hunger betrachten *wie diesen Schnee.* Hier ist das Kleinod mit verstärkter Wirkung, das den Abend gerettet hat, die Gärtnerin des Blutes, die das Haar lichterloh entfacht, wenn unsere zerbrechliche Unterwäsche, Gesundheit und

Freude, abgeschlachtet wird. Bei Eisen, bei Meer, bei Eisen, erinnert euch seines Namens:

Geheimnis-blende-meine-Geburt-und-
die-Zeit-ohnegleichen.«

Mit einem einzigen Faustschlag öffnete ich die Tür, die mir den Durchgang verwehrte.

Aber ich hielt einen Augenblick lang auf der Schwelle inne und spähte gierig nach allem, was sich mir darbot, gleich einem Korsar auf erster Beutefahrt.

Auf einem Bett ganz im Hintergrund des Zimmers schlief, nur bekleidet mit ihren Strümpfen, wie ein Tier in seiner Muschel zusammengekauert, eine Frau, und auch ihr Geschlecht schlief, wie ein Tier in seiner Muschel zusammengekauert. Die Wände des Zimmers waren gekalkt, die Schenkel der Frau mit Bleiweiß geweißelt; und aus einem Riß der bröckelnden Decke ragte ein riesiger Gipsfinger, der auf das geöffnete Geschlecht wies, als auf den Mittelpunkt des Zimmers, der die Molekularwirbel der Fluchtlinien auf sich zog. Eine kleine Kugel von der Dicke eines Eies tanzte waagrecht durch die Luft, sprang lautlos von einer Wand zur anderen und strich manchmal ganz nahe an der nackten Frau vorbei, ohne sie aufzuwecken.

In der schlafenden Gestalt hatte ich die Unbefangene erkannt; und ich brannte darauf, sie zärtlich zu berühren, doch verharrte ich völlig reglos und wartete darauf, daß sie die Augen öffnete, um mich ihr zu nähern.

Indes hörte ich das Knarren der Tür, die von selbst hinter mir ins Schloß fiel und mich damit gefangensetzte in diesem Zimmer, das ein unheilvolles Feuer vor meinen Augen tanzen ließ. Der Finger zeigte unverwandt in seine

Richtung, noch immer vollführte die Kugel ihren geheimnisvollen Umlauf, und ich stand keuchend da in meinem Anzug aus einer anderen Welt, dessen Wände aus schwarzem Tuch mir nur einen schwachen Schutz gewährten.

Da sah ich, wie die Unbefangene, deren Lider immer noch geschlossen waren, in einer obszönen Handbewegung auf den Vorhof ihrer Schenkel deutete. Ich begriff, daß das Mädchen mir mit dieser Geste den einzigen Ausweg zeigte, über den ich das Zimmer noch verlassen konnte. Mit zusammengebissenen Zähnen warf ich mich auf sie – aber sobald ich im Mittelpunkt der Muschel angelangt war, vergaß ich die Zeit, den Raum und das Theater, denn eine Zunge packte mich wie ein Mühlrad und zog mich fort in schlammiges Wasser, zu dessen beiden Seiten sich ein Industriegebiet erstreckte und dessen Ufer Gaswerke und Kohlehalden säumten.

II

VOM HERZ ZUM ABSOLUTEN

... eine Schar leichter schwarzer Streifen

Ein leichter Stoß, es bildete sich ein Riß, der sich fortpflanzte mit dem Geräusch zerreißender Seide, und ich fand mich wieder, wie ich am Ufer eines Flusses lag, auf dem Holzspäne und Fetzen gegerbter Felle dahintrieben zu den salzigen Wassern der Nordmeere.

In den Kellern der Erde häuften die Diebe ihre Schätze an, und die Falschmünzer röteten ihre Eisenstöcke im Feuer, um Münzen zu prägen nach dem Bildnis der Toten. Ich dachte nicht mehr an die Unbefangene und an ihre Gaukeleien, ich erinnerte mich nur an einen Sprung, an einen schnellen Aufstieg und an den schwindelerregenden Sturz durch die verschlungenen Falten eines Schoßes, dessen zahllose Windungen mich bis hierher geführt hatten.

Die Landschaft um mich her war trostlos: kein Grün, nur Steine, Steine und einige Wolken. In der Ferne erblickte ich stillgelegte Steinbrüche und abgestellte Lastwagen. Aller Reichtum schien unmittelbar in der Tiefe der Erde vergraben, aus der der Klang von Stimmen, lautes Streiten und dumpfe Spatenstiche empordrangen, gedämpft von den übereinandergetürmten Gesteinsschichten, die die hartnäckigen Sucher vom freien Himmel trennten. Die Luft war drückend und starr, sie blieb reglos unter der Liebkosung meiner Lungen, und ich fühlte sie auf mir lasten wie einen Gletscher ohne Moränen, diese

Luft, der nicht einmal ein Vogel eine Spur von Bewegung gab.

Das Schweigen über Tage wurde nur geringfügig gestört durch ein leichtes, weit entferntes Brummen, die einzig wahrnehmbare Schwingung, an die ich meine Gedanken heftete wie an einen Ariadnefaden, wie an das letzte organische Band, das mich nicht in mineralischen Schlaf versinken ließ; und aufmerksam folgte ich den geringsten Variationen des Tones, den diese Saite erzeugte; er war manchmal tiefer, manchmal höher, je nach den äußerst schwachen Schwankungen der Energie, die in ihm wirksam war.

Dennoch erschien es mir nach einigen Minuten, als nehme die Intensität des Brummens zu, als ob der Gegenstand, der es verursachte, sich mir merklich genähert hätte, und bald sah ich auch tatsächlich über dem Horizont einen schwarzen Punkt auftauchen – bald war es eine Linie –, der sich in Richtung des Flusses fortbewegte und dabei den kleinsten Windungen folgte, die der Wasserlauf beschrieb. Es war ein Bronzepfeil, der hinter sich eine lange weiße Banderole herzog, auf der ich deutlich lesen konnte:

KATALAUNISCHE FELDER

Gleichzeitig sah ich eine Reihe von Galeeren mit drei Reihen von Ruderern erscheinen, die mit geschwellten Segeln dem Pfeil nachsetzten und auf deren Brücken sich bewaffnete Krieger in Helm und Schild drängten.

Über dem Kopf der Männer kreuzten sich die Spieße und das Takelwerk, sie bildeten eine Art Netz, das den Himmel überzog, während die Segel, die an den Masten hingen, so wie Harnische an Wirbelsäulen hängen könnten, einen genauen Abguß lieferten vom unsichtbaren Torso der Luft. Ich hörte die Rufe beim Manövrieren und sah Wahrsager zwischen den Soldaten umhergehen und ihnen die Vorzeichen erklären, die sie dem Würfeln mit Knöchelchen entnehmen sollten, während Mädchen mit wehendem Haar auf der Brücke hin- und hereilten und die schönsten unter ihnen flammende Fackeln und Messer schwangen. Alle Schiffe waren ausgeschmückt mit Lilienbannern und Götterstatuen, und das größte trug ein riesiges Zelt aus Stahlmaschen, unter dem der Kaiser ruhte, ein schmächtiger und zitternder Greis, der sich in seinem Purpurmantel langweilte und manchmal die Hand hob, um seine Krone zurechtzurücken, ein nacktes Mädchen, das um seine Stirn gewunden war. Er war abgeschirmt durch mehrere Lanzengitter, durch die ich sein Szepter funkeln sah, dessen Spitze nach oben zeigte, um Blitz und Gefahr zunichte zu machen.

»Jeglicher Anspruch entstammt menschlichem Blut«, riefen die Zenturionen, zu deren Worten im Takt das Keuchen der Ruderer ertönte. *»Ein Gewaltstreich: das Eisen, das Feuer, die Zukunft werden weiß sein vor Wundern.«*

Unwillkürlich stand ich auf, um die Flotte vorübersegeln zu sehen, aber ich bemerkte, daß mein Anzug zerfetzt war, von Schlick und Algen beschmutzt. Ich lief also hinter einen Felsen, um mich zu verbergen, und von dort aus wurde ich Zeuge, wie die römische Armee an Land ging und die Hunnen daraufhin flüchteten, als der Pfeil sich senkrecht vom Fluß gelöst und kerzengerade in eine kleine Anhöhe gebohrt hatte und die Banderole sich über die Maßen ausdehnte, bis die ganze Ebene bedeckt war und in den Windungen ihrer neunzehn Buchstaben die wenigen Unebenheiten des Geländes und die verschiedenen Phasen der Schlacht zu liegen kamen.

Vor meinem Auge erstreckten sich die KATALAUNISCHEN FELDER (Champs Catalauniques) wie eine sintflutgeschwellte Wasserfläche, und ich sah, wie die Kielspur der Leichen zu Ackerfurchen gerann und ihre Asche in verschlossenen Urnen zu Katakomben hinweggeschafft wurde. Eigentümliches Trugbild: das U höhlte sich aus zu einer Urne – die beiden C, als die äußersten Enden der Pflugschar, gruben über viele Ellen die Erde auf und feuerten Katapulte ab – die S des Verrates schließlich schlängelten sich mit den letzten Barbarenhorden davon, die vergeblich einen Überraschungsangriff versuchten, bevor sie sich im Zischeln der Panik zurückzogen.

Als der Kampf zu Ende war, stürzten die neunzehn Buchstaben alle zusammen ab und gruben sich als Gedenkschrift in den Boden ein.

Hinter den römischen Linien sah ich fackelschwingend die Hunnen flüchten. Viele Wagen versanken in den Sümpfen, die sich längs des Flusses hinzogen, Scharen von Männern wurden in die Erde hinabgesogen, und wenn das äußerste Ende ihrer Strohfackel, die sie emporreckten, so hoch sie konnten, seinerseits verschwunden war, dann löste sich die Flamme und tanzte als Irrlicht obenauf. Tausende solcher Feuer erglänzten im scheidenden Tageslicht, während die römischen Toten auszubleichen begannen in einer seltsamen Verwesung, die ihre Knochen und Muskeln zersetzte und sie allmählich in nackte Puppen verwandelte, ohne Geschlecht, mit kahlem, kugelförmigem Schädel und glatten Gliedmaßen, als bestünden sie aus ausgestopften weißen Trikots.

Diese Leichen bedeckten den Boden um mich her vor

den römischen Lanzen und Standarten, die von reglosen Soldaten getragen wurden, die sich von den Toten nur dadurch unterschieden, daß sie aufrecht standen.

Als die Nacht gekommen war, erhoben sich die Leichen langsam in Reihen von zehn bis fünfzehn und begannen mit der Verfolgung der Irrlichter, ohne Arme und Beine zu bewegen, denn sie schwebten einige Meter über dem Boden. Wenn sie die Flüchtlinge eingeholt hatten, dann löschte ihr eisiger Hauch alle Flammen, und es blieben in der Ebene nur mehr die Reihen der Speere übrig, das Zelt des Kaisers, das noch immer wie ein Panzerhemd im hellen Mondschein glänzte, und die weißen Puppen, die über die Buchstaben der Gedenkinschrift hingesunken waren, in die sie übergingen in ein und derselben steinernen Unempfindlichkeit, gleichsam Kieselsteine, die zum Gedenken an dem Ort liegenblieben, nicht weit entfernt vom Fluß, der unbeirrt nach Norden strömte.

Die neunzehn weißen Schriftzeichen glänzten in der Dunkelheit, unwandelbar, als seien sie dem Boden entsprungen, dessen plötzlich nach außen getretenes Skelett sie zu sein schienen. Nebel stieg vom Fluß auf und lagerte sich über das Schlachtfeld; er wurde mit zunehmender Dunkelheit immer undurchdringlicher und zog sich in Spiralwindungen zusammen, die genau so eng waren wie die der rauchaufsaugenden Arterien.

Um Mitternacht hatte der Dunst sich genau über der Inschrift zusammengeballt und schrieb in die Luft

19

– die Anzahl der weißen Buchstaben; sie stand auf der schwarzen Tafel der Nacht wie der erste Faktor einer prophetischen Operation, deren Folgen weit über den Bereich der Sinne hinaus ihr Echo finden würden, bis hin zur äußersten Spitze der Nadel, die für uns das Gewebe des Weltalls näht, dessen Saum unser menschliches Leben bildet.

Der Wind blies auf die beiden Ziffern und ließ sie umeinandertanzen wie ein sich liebendes Paar. Die 9, stärker gerundet, war die Frau, die ihre runde Schleife der 1 hinstreckte, die senkrecht in die Höhe hüpfte und sich manchmal näherte, um ihren Winkel in den Kreis einzuführen.

Zum siebenten Mal hatte ich bereits dieses Spiel beobachtet, als die beiden Ziffern endgültig miteinander verschmolzen und verschwanden, während auf dem Grund der Nacht in weiß erschien:

$$1 + 9 = 10$$

Als diese Summe lautlos gebildet war, herrschte einen Augenblick Gleichgewicht. Aber plötzlich dröhnte ein schrecklicher Donnerschlag an mein Ohr, begleitet von einem Blitz gewaltigen Ausmaßes, der die Zahl 10 spaltete und die 1 und die 9 hinwegfegte, wobei er die Helmstutzen schüttelte und gleichzeitig die Spieße sich mit Kämmen aus zahllosen Funken überzogen. Dann wurde die vom Blitz getroffene 10 ihrerseits vernichtet, und an ihrer Stelle sah ich nur mehr die beiden Ziffern

ᘔ und 5

die erste grün und die zweite blutrot, in der Farbe von Lippen und Narben, dargestellt durch eine halbnackte Spanierin in einem scharlachroten Schal, dessen Muster den imaginären Rhombus unterstrichen, dessen Eckpunkte bestanden aus der roten Öffnung ihres Mundes, den rosenfarbenen Knospen ihrer Brüste und dem schwarzen Fleck, der die Vereinigung ihrer beiden Schenkel kennzeichnete.

Wie ein Gegenstand und sein Spiegelbild lagen die beiden Fünfen sich gegenüber, sie sahen aus wie die Adler auf dem Wappen Karls des Fünften, die umgekehrte Fünf jedoch schwand rasch dahin, und es blieb allein die rote Spanierin, die die Zahl der Sinne, der Finger und der Paarung darstellte.

Die Tänzerin war sehr gereizt, eher dem Sturm entsprungen als dem rhythmischen Maß der Zahl, die sie hervorgebracht hatte. Also setzte sie sich plötzlich in die eigene Potenz, 5^5 (die Zahl aller Gaunereien, derer sie fähig war), indem sie aus ihren schwarzen, wunderbar dünnen und glatten Strümpfen ein Paar Kastagnetten hervorzog, die sie so hoch sie konnte auf ihre Fingerspitzen schob, um dadurch ein Niederprasseln von Ziffern zu entfachen, die sich bald mit den Sonnenstrahlen des Tagesanbruchs kreuzten.

Daraufhin ließ die Rhombustänzerin vor den Soldaten ihre Absätze auf den Boden knallen, ihr aufgeschlagener Fächer zerschnitt die Luft in fünf Viertel aus Zahlen und Orientierungspunkten, die mir noch einmal zeigten, daß der totale Tod, wie das Ersterben von Gebärden, nur ein Winkelschlagen und ein Richtungswechsel ist. Gleichzeitig stellten die Zähne ihres Stahlkamms die von den Sonnenstrahlen geschaffenen Zeitintervalle dar, indem sie diese Strahlen kanalisierten. Ein Teil des Lichtes wurde zurückgespiegelt auf die Piken der Legionäre, und die Tänzerin fächelte sich neckisch im Takt zu den Bewegungen ihres

Kamms, um die Intensität des gespiegelten Lichtes so weit wie möglich zu verstärken.

Als sie sich schließlich in atemberaubender Geschwindigkeit im Kreis drehte und dabei die Luft in einen riesigen Käfig aus Licht verwandelte, der nur aus ineinander verschränkten Stäben bestand, leuchteten die Waffen und die Rüstungen der Krieger plötzlich weißglühend auf, und die ganze römische Armee stand mit einem Mal in Flammen. Die geschmolzenen Metalle drangen in die Erdrinde ein, sie enthielten aufgelöst das Fleisch und die Knochen der Soldaten, deren fossile Abdrücke man viele Jahrhunderte später auf Blöcken einer weißen und unzerbrechlichen Substanz wiederfand, die die Forscher in ihrer Unwissenheit

MARSIT

nannten, denn sie verwechselten sie mit jenen Materiemassen aus dem Himmel, die sich manchmal in die Erde bohren, da sie aus zu geringer Höhe herabstürzen, um sie ganz zu durchschlagen.

Indessen hatte der Sturm, unter dem die Ziffern zerstoben waren, seine äußerste Heftigkeit erreicht. Ich hielt mich zitternd hinter meinen wankenden Sinnen und beäugte das hereinbrechende Abenteuer.

In Gestalt fliegender Kraniche ergriffen die Galeeren die Flucht. Die Sonne wurde zu einer Revolvertrommel, die sich langsam drehte und dabei in regelmäßigen Abständen einen lang ausgestreckten Körper vor die Mündung des Laufs brachte. Jede Minute löste sich ein Schuß, und der Körper raste, den Kopf voran, in den Raum hinaus. Die Tänzerin verschwand in dem Augenblick, als ich nach ihr greifen wollte, und die ganze Landschaft versank; an ihre Stelle trat ein funkelnder Mahlstrom, dessen Spiralwindungen enger ineinandergriffen als die Holzfasern eines Kreuzes.

Ich stürzte in diesen Wirbel hinab, aus dessen Grund von Zeit zu Zeit eine bunte Luftblase aufstieg, die gegen den Zenit stieß, unter großem Getöse daran zerbarst und in Form von Spiegelscherben, Taschenmessern und Kompassen wieder in den Trichter hinabfiel.

Gemeinsam mit mir kreisten um die glatte Wand eine dunkelhaarige Frau, ein Bock und eine Flasche, die, eingetaucht in Salzlake, ein paar Papierfetzen, vier Kristallwürfel und ein Knäuel Garn enthielt. Jedes Mal, wenn meine Position gegenüber der Flasche mir eine neue Seite eines der Würfel sichtbar werden ließ, streckte die Frau ihre nackten Arme aus und schüttelte der Bock seinen Bart, während eine weitere Luftblase aus dem Trichter aufstieg.

Als erste stürzte die Frau in den Abgrund in der Mitte hinab; ich selber war noch weit davon entfernt, als ich sie umkippen und mit einem langen Schrei wie eine verlöschende Fackel verschwinden sah. Der Bock war ziemlich dicht hinter ihr; aber er hatte das Glück, auf eine der Luftblasen zu treffen, die ihn schnell in die Lüfte emportrug; dort oben verwandelte er sich in eine Wolke, was ihm erlaubte, schmerzlos in Gestalt feiner Regentropfen wieder zur Erde hinabzugelangen.

Mir meinerseits gelang es, gerade als ich auf meiner kreisenden Fahrt am Rand des Abgrunds angelangt war, mich der Flasche zu bemächtigen, und durch heftiges Schütteln konnte ich die Zahl 12 erwürfeln, die mich des Schutzes des Tierkreises versicherte. Tatsächlich fand ich in meiner Reichweite einen Luftgürtel, der mit den zwölf

Zeichen geschmückt war. Von selbst legte er sich um meine Hüften, zog mich aus dem Wirbel und trug mich weit fort aus dem Bereich der Erdanziehung.

Meine Rückkehr auf diesen Planten ereignete sich in einer schönen Sommernacht, ich war in Blitzstein verwandelt, und auf meiner glattesten Seite waren diese Worte eingraviert, die alles zusammenfaßten, was mich die Ziffer 5 und das Banner der Katalaunischen Felder gelehrt hatten:

»Nadel
eine punktierte Kurve
das ist der Gedankenfaden
Feier der Überquerung des Äquators
– und das Lager des Goldenen Lakens –
hier nun drückt der Sattel
die Krümmungen
in der prismatischen Finsternis.«

III

DAS SIGNAL DES NORDPOLS

... die Radspuren, die zwischen den Brettern der Kellerlöcher verwesen.

Zwischen den Wänden des Steins, wo mich der sexuelle Rhombus der Natur gefangen hält, sind die Prinzipien eingeschlossen, die meinen lebendigen Leib bildeten. Ich vernehme alle Geräusche der Erde dank meiner Ohren und meiner Kristallnerven, durch die das Feuer des Himmels und der Vulkane lodert.

Um sich die Zeit zu vertreiben, erzählen drei Reisende, die um die ganze Welt fahren, einander ihre Abenteuer, und ich vernehme in immer gleichbleibender Lautstärke ihre Worte, die einen tönenden Kreis um den Äquator legen.

»Als ich einem Sportfest zuschaute, das auf den Balearen zur Ehre des Dogen von Venedig gegeben wurde«, sagte der erste Reisende, »hatte ich den ganzen Abschaum der Häfen Europas vor Augen, der auf einer ungeheuren Tribüne versammelt war, ein Haufen übler Schurken in Ringeranzügen, und ich hörte, wie sie sich unter schallendem Gelächter auf die Muskeln klopften. Plötzlich sprang einer unter ihnen rückwärts mit dem Rücken ins Leere und fiel auf den Kopf. So hielt er sich im Gleichgewicht und strampelte mit den Beinen in der Luft. Seine Kumpane brachen in brüllendes Gelächter aus, klatschten Beifall und machten sich gegenseitig auf ihn aufmerksam mit den Worten: »Sieh mal, der boxt mit den Füßen!«

In diesem Augenblick verkündeten drei Herolde die Ankunft eines Impresarios, der das Box-Phänomen unter Vertrag nehmen wollte. Nach mehreren Trompetenstößen ließen sie ihre Pferde sich im Kreis tummeln und brachten alle in eine Art Scheune, auf deren Boden noch die Überbleibsel eines Banketts umherlagen. Wir ließen uns nieder, ich in der ersten Reihe, und als wir alle Platz genommen hatten, hielt der Impresario Einzug in Begleitung seiner Frau.

Er trug einen langen schwarzen Gehrock und auf dem Kopf einen Zylinder. Anstelle eines Kopfes hatten seine Frau und er jeweils eine große Kugel auf den Schultern, auf der Pole sowie Längen- und Breitengrade eingetragen waren. Die Kontinente waren bei der Frau grün und bei dem Mann braun umrandet; an der Stelle seiner Nase saß eine Windrose und anstelle seines Mundes eine Zeichnung – inmitten eines französisch angelegten Gartens, dessen befestigte Flächen durch grüne Flecken dargestellt waren – eine Zeichnung, die ganz und gar den Festungsplänen aus der Zeit Vaubans glich; die Befestigungsanlagen waren in rosa eingetragen, das Innere der Festung in weiß, und in altertümlichen Schriftzeichen stand darüber das Wort:

KÖNIGSTOR

Die beiden Erdkugeln waren fast durchsichtig, als seien sie aus ganz leichter Gaze, und ich konnte sehen, daß der Mann und die Frau Neger waren, oder vielmehr Negererdkugeln, waren die Kugeln doch wesentliche Bestandteile ihrer selbst.

Der Impresario ergriff das Wort. Nach einigen allgemeinen Betrachtungen über die Gesetze, die die Gefühle und Empfindungen eines Menschen bestimmen in Abhängigkeit von der Position, die er gegenüber der Drehung der Erde einnimmt, beglückwünschte er das Boxphänomen dazu, daß es so gut den Kopf nach unten halten konnte, und wandte sich dann plötzlich an mich mit der Frage, warum ich den Kopf kahlgeschoren trug. Da ich stumm blieb, erklärte er es mir, während sich seine Frau, um mir das Verstehen seiner Worte zu erleichtern, meiner rechten Hand bemächtigte und meine Finger auf der Kugel ihres Kopfes hin- und herführte, als ob sie in den verschiedensten Stellungen jeweils Maß nehmen wollte.

Ich hätte Grund dazu, die Haare kurzgeschoren zu tragen, sagte der Impresario, denn auf diese Weise hätte ich einen mineralischen Haarschopf und keinen pflanzlichen mehr, wie das Haar es für gewöhnlich sei. Die Annäherung an die Vollkommenheit geschehe durch Mineralisation; infolgedessen strebten alle großen Geister danach, vom Pflanzlichen ins Mineralische überzugehen, indem sie die gewundenen und unklaren Kanäle in ihrem Denken durch schneidende Kanten ersetzten. Wenn der deutsche Mathematiker Einstein den Vokal U dem Vokal I vorziehe, dann darum, weil der erste mineralisch, der zweite hingegen pflanzlich sei. Ebenso werde die Inschrift auf dem Kreuz Christi, INRI, zu UNRU, sobald das Himmelreich auf der ganzen Erde errichtet sei.

Darauf beschrieb der Impresario eingehend die Verwandlungen aller Gegenstände im Umkreis. Er erzählte, wie seine Uhrkette, die zuerst eine Lianenkette gewesen sei, sich in eine Silberkette verwandelt habe, und dann, wie das Kabel eines Speisenaufzugs, der sich in einer Ecke des Raumes befand, durch Alter und Austrocknung mineralisch geworden sei.

Die wichtigsten Wirkstoffe menschlicher Mineralisation waren seinen Worten zufolge die Schminke, mit der die Frauen sich das Gesicht maskieren, um ihm die Glätte des Marmors zu verleihen, und der Einsatz von Alkohol und Drogen. Der Alkohol verwandele das allzu weiche Holz der Gedanken in Eisenholz, dann in das Gestein der fixen Idee, des letzten Sockels, der noch so stabil sei, daß wir uns auf ihm niederlassen könnten. Die Drogen führten uns zur großen Reinheit durch die Leere, zur offensichtlichen Fühllosigkeit des Porphyrs, den nur wenige starre Adern durchziehen.

Dieses Schlußwort wurde zur Ursache meines ersten Unglücks. Da es mir schwer zu fallen schien, den Ausführungen zu folgen, legte die Negerin plötzlich meinen Zeigefinger auf den Pol ihres Kopfes. Ich verspürte einen heftigen Stoß und verlor mit einem lauten Schrei das Bewußtsein.

Als ich wieder zu mir kam, war ich nicht mehr in der Scheune, sondern an Bord eines Sklavenschiffes, das Kurs auf den Indischen Ozean hielt. Ich lag auf dem Boden des Laderaums, mit Eisen an Knöcheln und Handgelenken, die mich vollends mineralisierten durch ihre Berührung und die völlige Unbeweglichkeit, die sie mir auferlegten. Indessen strömten bereits vereinzelt Wolken von Pflanzenduft zu mir herein, und schon malte ich mir nackte Indianerinnen aus, mit ihrem Lianengeschlecht, in dem verborgene Schlangen nisten.«

»In einer Industriestadt, die die Flammen und den Dunst des Himmels durch die langen Münder ihrer Schlote aufsog«, sagte der zweite Reisende, »betrat ich eines Abends ein Bordell, das mit weißer Kreide gekennzeichnet war, auf der Flucht vor dem Grauen der Straßen, auf denen nur Menschen mit trockenen und verkohlten Zungen umhergingen.

Der größte Raum hatte die Form eines Würfels und war ganz aus hellem und fast durchsichtigem Stein gemauert. Von einem Haken in der Decke hing an einem Metallfaden eine leuchtende Kugel, die in langsamer, völlig gleichmäßiger Bewegung in geringer Höhe über dem Boden hin- und herschwang. Unter der Schwingungszone dieses Pendels war eine kreisförmige Brunnenschale in den Stein eingelassen; der Fliesenbelag des Bodens stellte eine Windrose dar, deren Richtungen N–S und O–W durch zwei tiefe Wasserrinnen gekennzeichnet waren, die sich in der Mitte kreuzten und von denen eine jede breit und lang genug war, daß ein Mensch mühelos darin liegen konnte. In den Rand der Brunnenschale waren diese Worte eingemeißelt:

IM GOLDENEN BETT

DAS TRIO

HERBST

durch seinen Wohlgeschmack

UND IMMER

die rote Zone

Eine kleine Alte, in der ich sofort die Kupplerin erkannte, erklärte mir den Zweck des Metallpendels und der Windrose.

Nach der Sitte des Hauses mußte sich jedes Paar vier Mal auf dem Boden der Schale vereinigen:
einmal in der O–W Rinne, mit dem Kopf nach Westen, d. h. parallel zum Äquator mit dem Kopf gegen den Okzident, in Gegenrichtung zur Drehung der Erde;
ein weiteres Mal in der O–W Rinne, aber mit dem Kopf gen Sonnenaufgang, das heißt parallel zum Äquator mit dem Kopf nach Osten, genau in Richtung der Drehung der Erde;
ein Mal in der N–S Rinne, mit dem Kopf nach Süden, das heißt senkrecht zum Äquator mit dem Kopf zum Südpol;
schließlich ein Mal in der N–S Rinne, aber mit dem Kopf nach Norden, das heißt senkrecht zum Äquator mit dem Kopf gegen den Nordpol gewandt;
und während dieser Zeit schlug über ihnen unausgesetzt das Pendel wie ein Metronom.

Die Alte ließ mich überdies wissen, daß die Mädchen die Zukunft aus der Art und Weise deuteten, in der ihre Freier sie liebten, und aus der Reihenfolge, in der sie die vier Kardinaloperationen vollzogen. Darum hatten sie einer jeden Position einen Namen gegeben: die erste, die gegen Sonnenuntergang, hieß *Abhang der Erinnerung,* – die zweite gegen Sonnenaufgang hieß *Perspektive der Zukunft,* – und die beiden letzten *Querlinien des Schicksals.*

Viermal vollzog ich den Liebesakt mit einem recht schönen Mädchen, einem Teppich, hübsch genug, um ihn mit meinem Blut zu durchwirken, dann brach ich wieder auf gen Norden, denn lieber wollte ich mich der Pein der Eiseskälte und des Polarleuchtens aussetzen als dem chemischen Feuer und den schmutzigen Bildern der Phantasie.«

»Ich«, erklärte der dritte Reisende, »ich kenne den Pol, den richtigen Nordpol, dessen Rundung sich hinzieht wie eine Stirn, wie das Herz der Steine oder die Fasern des Granits, jenes Kielwasser der Schaumfittiche, die das Rad der Sinne sich drehen lassen. Über diese vergangene oder zukünftige Reise habe ich einen Bericht verfaßt auf einem Papier, das so massiv ist wie das Weltall. Hört! Und jedes meiner Worte soll in euer Ohr eindringen, um dort die in die Tiefe hinabgesunkenen Barren zu kneten, die unterirdischen Erzgänge des Gedächtnisses, die durch Fakten und Risse gezeichnet sind, die Adern des Hirnmarmors, der so kalt ist wie das Packeis, das den Sternen zutreibt, die Feuerzeichen der Postschiffe voller Menschen, Takelwerk und Waren.«

»*... Der Mann war verschwunden, die Strudel im Gefolge seines Sturzes hatten sich aufgelöst, und nicht* ein *Haar seines Bartes hätte ich an der Wasseroberfläche treiben sehen können; – aber das Plakat lag mittlerweile offen zutage, und ich konnte sehen, wie Buchstaben – sie waren schwarz wie Spalten auf einer dicken Schneeschicht – eine wunderliche Anzeige bildeten:*

ANGEBOTEN:
DIE GEGENWART
DIE VERJÜNGTEN STATUEN
DIE ZAHL
DAS HAAR
IN DEN BERGEN
die vollkommene Milch
SICHTBARES FEUER
UND DER NORDEN
ein wirkliches Mittel zu Ihrer Verschönerung

Als ich zu Ende gelesen hatte, tauchte eine Hand aus dem Fluß auf: es war die des Schlafenden, der an die Oberfläche getragen worden war und langsam, zwischen zwei Wassern schwimmend, entschwand, ohne jedoch darum aus dem Schlummer erwacht zu sein.

Ich kümmerte mich nicht im geringsten um meine halbnackte Gefährtin, die mich mit ihrem Haar bedeckte, noch um das Pendel, das in einem gläsernen Schild hin- und herschwang. Ich dachte nur an den Träger des geheimnisvollen Plakats, den Schlafenden, den ich im Fluß hatte treiben sehen, und ich hatte nur den einen Wunsch, seine Spur wiederzufinden, und wenn auch ich dafür in ewigen Schlaf sinken müßte. In Sekundenschnelle war ich im Wasser und begann, in langen, abgemessenen Zügen zu schwimmen, wobei ich meinen Atem schonte, um bis in den eisigen und feurigen Norden zu gelangen (denn ich war mir sicher, daß die Bahn des Schlafenden mich zum Pol führen würde), – der Hemisphäre, die durchzogen war von Adern aus Blut und Sonnenblitzen.

. . . .

Das Wasser war sehr kalt, und ich stieß gegen eigenartige Strömungen. Manchmal glaubte ich, in die Tiefe hinabgezogen zu werden, und konnte mich nur mit Mühe oben halten. Weiter entfernt wuchsen Algen, die sich um meine Glieder schlangen, und ich wußte mich nicht aus ihnen zu lösen. Der Fluß wimmelte von Pflanzen: Fauna und Flora der ganzen Welt trafen dort aufeinander, und war ich der Tücke der schlafenden Pflanzen entronnen, so stieß ich gegen Fische, deren scharfe Flossen mir entgegenschlugen. Lange Zeit mußte ich schon unterwegs sein, Stunden oder gar schon Tage, ich fühlte mich erschöpft und wußte nicht einmal mehr, ob ich noch atmete. Je weiter ich vorankam, um so üppiger wurde die Pflanzenwelt, aber auch um so gefährlicher: des öfteren sah ich einen Kraken in seiner Höhle lauern; wenn ich in seiner Nähe vorbeischwamm, dann streckte er träge einen seiner Tentakel aus, und nur durch ein Wunder erhaschte er mich nicht; Haie jagten sich und kämpften miteinander vor meinen Augen, Muscheln öffneten ihre leuchtenden Schalen, Krebse schürften meine Haut mit ihren Panzern.

Später wurde das Wasser noch kälter. Es schien mir, als hätte ich einen sehr viel größeren Widerstand zu überwinden und als müßte ich einen immer zähflüssigeren Stoff verdrängen: nicht in einem Fluß schwamm ich mehr, sondern in der Erde, zwischen verschiedenen Schichten. Das, was ich für Schaum gehalten hatte, war nur ein Moos aus Kristallen, und die Algen, in denen ich mich verfing, waren fossile Abdrücke von Farnen in einer Steinkohlenlagerstätte. Um mir einen Weg zu bahnen, mußten meine Hände unabsehbare Schichten von Mineralien zur Seite schieben; ich glitt durch goldhaltigen Sand, und meine Beine überzogen sich mit Ton. Mein Körper hatte bis in die letzten Verästelungen seines Gewebes den Abdruck aller bekannten Stein- und Pflanzenformen zu tragen. Ich hatte alles vergessen, den Schlafenden, dessen Bahn ich zunächst folgen wollte, das Pendel, das Haus und sogar den Grund, warum ich mich in dieses Abenteuer gestürzt hatte.

Die Materieschichten preßten sich noch enger um mich zusammen und drohten, meinen Mund in ein Luftloch zu verwandeln. Ich kam nur noch mit Mühe vorwärts, und Jahre schienen zu vergehen nach jedem meiner Schwimmzüge. Ich hatte unbekannte Quellen gestreift, aus Steingeysiren getrunken. Mein Körper erschien mir nur mehr als ein kleiner Leuchtpunkt in der Gleichung der Erde. Die Welt entfaltete einen Reichtum von Filigranen in der Aufeinanderfolge von opaken und durchscheinenden Stellen, und sie waren so fein, daß meine Blicke sie kaum wahrnehmen konnten. Ich glaubte, auf einer Linie zu reisen, selber nur ein abstraktes Gebilde zu sein, eine Ziffer auf dem Rücken einer Kurve, die rasend schnell auf ihre Achse zustürzte. Langsamkeit und Schnelligkeit hatten für mich ihren Sinn verloren, und ich wußte nicht, ob ich völlig stillstand oder ob ich eine Kompaßnadel war, die mit Lichtgeschwindigkeit auf den Pol zujagte.

Indessen spürte ich, wie der Weg, dem ich folgte, enger und ständig beschwerlicher wurde, und ich fror so sehr, daß ich glaubte, in einer Scheide aus Eis gefangen zu sein, die mich zu ersticken begann.

Zuletzt versuchte ich schon gar nicht mehr, meinen Weg fortzusetzen, sondern nur, mich zu befreien, denn die Luftspiegelungen hatten sich aufgelöst, und ich wußte jetzt, daß ich wirklich im Eis festsaß, daß das Packeis mich zermalmte, daß ich eingeschlossen war wie das Pendel in seinem Glasschild. Plötzlich erinnerte ich mich der Vögel, die alle Höhlungen ihres Körpers aufblähen, um sich der Sonne zu nähern. Ich nahm all meine Kräfte zusammen und ließ meine Adern und meine Eingeweide anschwellen; meine Knochen dehnten sich wie Bögen zwischen den Polen des Todes – und der Block, der mich gefangen hielt, zersprang unter entsetzlichem Krachen und schleuderte mich bei vollem Bewußtsein bis zum Fuß des Nordpols.

. . . .

Die Arktis ragte vor mir empor wie ein Dom, eine Bergkuppe oder die Wölbung eines Kopfes. Leuchtende Spalten von unterschiedlicher Breite durchzogen das Eis bis in die untersten Tiefen, liefen in Richtung des Gipfels zusammen, und ich glaubte Adern zu sehen, die um einen Schädel liefen.

Als ich den Pol erblickte, der auf dem Gipfel dieses Berges erglänzte, erklomm ich seinen halbkugelförmigen Abhang, eine konvexe Erdkappe, und folgte dabei zu meiner Orientierung einer der glänzenden Rißlinien, die Hände in den verharschten Schnee geklammert. Ich war fast auf dem Gipfel angelangt, als ich vernahm, wie eine ferne Stimme sich ganz nahe an meinem Ohr in diese Worte kristallisierte:

WEGE
ES WÄREN DIE ______ AUS LICHT
STIMMEN

Ich wußte sofort, daß dies die Stimme des Schlafenden war und daß sie zu mir sprach von den Spalten des Pols, den Urrissen der Winkel und der Himmelsrichtungen. Ich verstand das Geheimnis der Kräfte des Atoms, die die Wirkung der Schwerkraft aufheben, sogar das Geheimnis des Eies, das auseinanderbricht in Himmel und Erde. Das Orakel des Pendels erschien mir in all seiner einleuchtenden Deutlichkeit –, und ich erkannte endlich das wahre Ziel meiner Reise, denn diese Lichtflut war so blendend, daß sie mir einen Schrei entriß – schrill, eisig, den Schrei der Arktis selbst –, während mein Körper in den Weltraum stürzte und sich für immer vom Pol entfernte, S
E
N
K
R
E
C
H
T.«

Mit bleichem und eisigem Gesicht verstummte der Reisende nach diesem letzten Wort, dessen Buchstaben auf mich fielen wie die Moleküle eines Dolches, wenn er mit der Spitze nach unten losgelassen wird und sich zitternd in den Boden bohrt.

Sogleich spürte ich, wie meine steinernen Zellen sich streckten, ich hatte meine menschliche Gestalt wiedererlangt und richtete mich kerzengerade auf, als ich den Ruf hörte:

SENKRECHT

Dann ertönte die Stimme einer Mulattin aus einer kalifornischen Spelunke, eine Stimme voller Steine, Raubvögel, Pelze und Goldminen; und ich hörte den einzigen Schrei eines verzweifelten Paares, zweier Liebender, die aufgebrochen waren von den entgegengesetzten Enden der Welt und sich im Mittelpunkt ihrer Bahn getroffen hatten, um sich in der Stunde ihrer Begegnung mit ein und demselben Revolverschuß zu töten.

IV

DER SIEBTE EINBRUCH DER NACHT

... dann der Flug eines harten und festen Gegenstandes

In meinem Geist, der dem Schattenbild eines Gebäudes glich, das nur noch aus dem Skelett seiner Mauern besteht, pflanzte sich die Stimme seitlich fort als langer, diagonaler Pfeil. Unter dem Druck der Spitze, die magnetisch angezogen wurde von einem unerfindlichen problematischen Punkt, wuchs mein Schattenbild und dehnte unaufhörlich seine Grenzen aus. Wie weit würde es reichen? Wie weit?

Umspült von den pflanzlichen Wogen dieser an- und abschwellenden Stimme, begannen die imaginären Mauern, sich für kurze Augenblicke zu zeigen, und man sah ihre Linien wie das Geflecht der Adern, wenn das Blut sie durchströmt. Aber unabsehbar weit dehnte das Schattenbild seine dunkle Zone aus, es verschlang allen leeren Raum, und die Mauern lösten sich auf im Nichts, unaufhörlich wurden sie fortgeschoben und schmäler und schmäler durch die Verlängerung des Pfeiles, dessen Spitze, die immer schwärzer und immer höher wurde, sich alleine fortbewegte.

Der Revolverschuß war widergehallt von Raum zu Raum, und ich hörte das Pfeifen des Geschosses, als hätte es in spiralförmigem Aufstieg den Pfeil umkreist wie ein Satellit. Der Pfeil aber, der bald ins Unermeßliche gewachsen war, ging unter, indem er mit dem ganzen Universum verschmolz, und ich verspürte in mir nur mehr die verschwundenen Mauern, die noch immer unter der Aufforderung der ungeheuren Stimme Fleisch werden wollten.

Wic eine aufgewühlte Fläche flutender Ströme schwoll die Stimme an unter Seebeben, Vulkanausbrüchen und Lavamassen, die lange Schwefelspuren durch die Luft zogen, die bald zu Wolken und Meteoriten zerstoben. Die scharlachrote Kugel der Liebe glitt die schwerelose Achse der Stimme entlang, alle Bilder der Phantasie entfalteten sich in den tiefen Spalten dieser Rüstung, deren Gelenke das Denken durchscheinen ließen. Eine blutige Stimme, der Tiefe entstammend, war sie zunächst ein Schwarm fliegender Botschaften, die zu meiner Linken vorüberflogen und wunschlos gegen den Horizont entflohen, unter lautem Geschrei wie von nächtlichen Vögeln:

»*Paris* —> 18,25 — 51.623 — 8.281.718.312,001 —> *Vancouver.*

Kassierer Alfred mit unbefangener Gesellschafterin des Théâtre Français geflohen. Fluchtweg ausgemacht. Police Palm-Beach. Sechs Millionen Defizit.«

»*Lutecia* —> + VI — CXLIX : DXXI + 4, ΣΘ —> *Persepolis.*

General Aetius fügt Attila große Verluste zu. Barbaren in die Flucht geschlagen. Populus Romanus forever. Cheerio!«

»*Savannah* —> 2 — 18-0,37 392 — 2,7 — X (Zahl der Schwärze) —> *Pasadena.*

Professor Jackson von der schwarzen Universität Fisk entdeckt Verfahren zur Umwandlung fauler Zähne in

Goldzähne an Ort und Stelle, ohne Ziehen. Ebenso verwandelt Miss Bricktop Tierstimmen in Porphyrstimmen.«

»*Spitzbergen* ⟶ $0° 60'^{VI} < 4/5 < 125$ ⁰⁰/₀₀ ⟶ *Feuerland*.

Nordpol Mannschaft und Ausrüstung verloren. Moral am Ende. Eisbergstöße gegen Prostitution der Feuersbrünste. Tausende untergegangener Kathedralen haben Fische als Glockenschlegel. Alphabet auf gläsernem Altar geopfert.«

»*Äquator* ⟶ 1. 2. 3. 4. 5. 6. 7. 8. 9. 0. ⟶ *Äquator*.

Wir suchen Rhombus von wechselnder Gestalt. Beschreibung: Fadenstück, Frauenhüfte, Uhrfeder, Meteorscheibe, Sonnenfleck, Ölbohrloch, Schönheitsmal, mathematische Operation, Mundkoitus, wohlschmeckende Mittagslinie, verkohltes Wortstück, Sprachfaser, Strähne von Schreien, zerstückelte Frucht, ausgeflockte Zahl. Bilderwalzwerk nicht gemeint.«

Dann begannen die Nachrichten untereinander ein Gespräch, und ich hörte das Echo ihrer Rede und Gegenrede:

– Der Verstand ist der Teller, und das Herz ist die Gabel. Was ist das Gericht?
– Auf einer Lanzenspitze ein Kristallgeländer. Es leuchtet ein, daß dieses Kristallgeländer nur die Erinnerung oder das Verlangen sein kann.
– Die Nippsachen der Sinne liegen auf unserem Kamin, es weht ein blinder Wind und zieht Vögel hinter sich her. Woraus bestehen diese Vögel?
– Sie bestehen aus weißem Ruß und Wolken von Steinsalz.
– Sprache und Atem sind zusammengeschnürt, die Sprache erwürgt dich. Was schreist du?

– Ich durchbohre mit Lanzen meinen Geier aus Elfenbein oder Münzmetall, auf dem Feld des Azurs, des Sandes oder der gezogenen Säbel.

– Was hast du getan beim Schnee vom vergangenen Jahr?

– Durch die Luft bin ich bei ihnen geflogen, die anderen werden dort gemein.

– Leidenschaftlich gern handeln, warum sagt man nicht: Durch die Handlung leiden?

– O Leidenschaft! Getrieben von dir leide ich handelnd, handle ich leidend.

– Noch über dem weißen Kataster der Mondwechsel, womit kennzeichnen die Toten die Grenzen ihrer Grotte?

– Sie kennzeichnen ihre verwinkelte Stätte mit der Asche und den Scherben des Blutes.

– Und was schreibst du selber in deinen Bereich?

– Magisches Feuerzebra, hier wird das Messer zum Dreieck. Es bricht aus und durchschneidet immer weiter das Morgenrot, die Moskitos und die zerknitterten Schärpen des goldenen Sumpfes. Sturm, getränkt mit Salz und Meer, Haar aus vergossenem Schweiß, o unersättliche Schwester... Gekrümmte Behendigkeit, so schreibe ich: VOKABEL mit meinem Mund.

– Weiße Ziffer, wer hat den Himmel geschwärzt?

– Die Schrift meiner Gebärden. Die geronnenen Worte färben das Linnen der Wäscherinnen blau; ihre Konsonanten sind die Ellbogen und die Knie dieser Frauen, die die Brust der Flüsse peitschen in zärtlicher Kasteiung, und ihre Bewegungen reißen unsichtbare Wunden in die Luft, die später den Blitz und die Bahn der Meteore zeugen werden.

– Die schweißnassen Laken des Todes hängen am wurmstichigen Rahmen der euklidischen Geometrie; eine einzige Gebärde hat sie alsbald in Tausendfüßler verwandelt. Weißt du, welches die Feen sind, die diese schmutzigen und giftigen Tiere zu Tode peinigen werden?

– Die Sterne werden den Blick der aschgrauen Zeit schminken, und Brüste werden als Bahnen brennenden Metalls hervortreten zwischen den überwundenen Säulen der materiellen Not.

– Wilde Tiere und Statuen werden aufstehen, Sätze, die die Liebe vollziehen wie Bumerangs. Als gefaltete Ideen werden Luftbauten erwachsen auf dem Schafott unserer Rückenwirbel, weit jenseits der Kälte des Pols und dieses heruntergekommenen Stroms von Ungetümen, den Albernheiten der Vernunft, mit denen du mich verfolgst, du Krüppel mit den eisigen Fragen.

Sobald sie diese Worte vernommen hatten, stürzten alle Botschaften auf diejenige, die sie geäußert hatte, und es entstand ein allgemeines Getümmel kreischender und hackender Schnäbel, dem Buchstaben samt Federn entflogen, die beim Verlassen dieses zornentbrannten Trichters aufleuchteten. Die feurigen Schriftzeichen blieben mitten auf einer parabolischen Bahn in der Luft stehen, und bald, nachdem die Botschaften sich gegenseitig zerfetzt hatten, waren am Himmel zwei Leuchtplakate zu lesen, das erste im Zenith, das andere in halber Höhe:

FÜR DIE
REDUKTION
DER FORMEN

MÖRDER UND BRANDSTIFTER

DER SCHÖPFER
DER LEIBHAFTIGEN

wird in den Wäldern umstellt

VOM PHOSPHOR

die siegreiche Natur

ALS SIE BESITZ ERGREIFT

ERTRINKT

DIE VERGANGENHEIT DIE ZUKUNFT

EINE ZARTE HAUT
ROSIGE WANGEN

EINE SPLITTERNACKTE LEICHE

UM DIE HENNEN ZUM
LEGEN ZU BRINGEN

Sie finden sie überall

Darauf schwoll die Stimme an und nahm allmählich einen drohenden Ton an. Die Leuchtreklame der Bretterbar, die ihre Lichtquelle verbarg, wurde heftig von einem plötzlich einfallenden Nordwind hin- und hergeworfen und geriet ins Schwanken, so daß sie auf alle Denkmäler in weißen Buchstaben auf rotem Grund die Schrift *Silver Dollar* und das Spiegelbild einer Münze warf. Schwarzer Rauch stieg auf und fiel dann wieder als Safranstaub zu Boden, der den Menschen die Worte der Wolken überbrachte.

»Wenn die Seidenbanderolen auf den Zinnen der Türme-des-Schweigens-in-der-Wüste flattern, dann knistern elektrische Sprühfeuer in der Vagina der Mörderinnen, und die bläulichen Kugeln des Donners nisten sich ein in den Zinnen, hinter denen die Könige eingekerkert sind, deren Kronen aus geometrischen Figuren bestehen und auf schwarzem Feld weiße Linien tragen, die ihr Siegel sind. Unterdessen kauern die Wächter tief unten in den Kasematten, lassen in ihren Helmen die Würfel klirren und versuchen, aus den zweiundzwanzig Tarock-Karten zu lesen:
Der *Narr* ist ein Mann ohne oben und unten, ohne rechts und links,
der *Possenreißer* ist ein tätowierter Neger, der die Trommel schlägt,
die *Päpstin* eine nackte Frau,
die *Kaiserin* eine Hure, die sich mit einem Szepter masturbiert,
der *Kaiser* ein Schlächter kleiner Kinder,
der *Papst* ein Greis mit einem Eselshut,
der *Verliebte* ein Boxer,

der *Wagen* eine Lokomotive Modell Stephenson,
die *Gerechtigkeit* eine rothaarige Kupplerin,
der *Einsiedler* ein Idiot,
das *Rad der Fortuna* eine Logarithmentafel,
die *Kraft* ein Unterseeboot,
der *Gehängte* ein Skelett,
der *Tod* ein Walzwerk,
die *Mäßigkeit* ein Wahn,
der *Teufel* ein kohlschwarzer Schwanz,
das *Haus Gottes* ein Mund,
der *Stern* eine Brustwarze,
der *Mond* eine Frau ohne Kopf,
die *Sonne* ein Haar,
das *Urteil* eine Katastrophe,
das *Universum* ein steifes Glied zwischen den Fingern des Zufalls.

– Pronomen ohne Beiwort –, antwortete eine Wolke, die weiß war wie ungelöschter Kalk, der die Leichen zersetzt –, verbisiere ich ein imperativiertes Substantiv durch infinitive Syntax. Die Entsprechung der Tempora und die Bildung der Bruchzahlwörter sind guttural. Als Euphemismus, der umstandsbestimmend geworden ist durch die Frageform einer Vorvergangenheit, sind die Liquida stumm, trotz der Wogen von Interjektionen, die Ellipsen, Metaphern, Parabeln beschreiben. Als Passivverbindung der Genera, formuliert im Modus Futur oder Gerundium, vereinigen sich Perfekt und Imperfekt in einer großen Umstandsbestimmung des Ortes, die in Diphthongen ausgedrückt wird. 1, 2, 3, 4, 5, 6... die Ziffern sind Paranthesen, die Schimmer definieren, sind ein Wörterpleonasmus, und jegliche Reihe von Wörtern besteht aus einer Folge von Pleonasmen, aus einem Diskurs identischer Bruchstücke, ohne folgerichtige Konstruktion durch die silbische Elision der Analyse- oder Synthesezahl.

– Einfacher als die Aufteilung der Felder und der Fall der Körper ist die Vermehrung der Brote und der Fische zu erklären, wenn man die + Zeichen, die von den Schuppen der einen und die – Zeichen, die von den Mittelkerben der anderen gebildet werden, betrachtet. Plus mal Minus ergibt minus, wie jeder weiß; die Brote multipliziert mit den Fischen wurden also zu einer negativen Nahrung, die demnach Stärkung gewährte durch ihre materielle Abwesenheit, was das Kennzeichen einer göttlichen Nahrung darstellt. Desgleichen das Geheimnis des Baumes der Erkenntnis von Gut und Böse, bei dem die ganze Tragödie sich abspielt zwischen dem Menschen, dem Apfel in Form einer Kugel oder einer Null und der Schlange, die sich in den Schwanz beißt, um eine waagerechte Acht zu werden, die Unendlich darstellt.

– Unter dem blauen Blick der Zeit stellen das Kaleidoskop, die ewige Wiederkehr und die Krümmung des Weltalls im Tanzlokal der Seelen ihre fernen oder großen Linien zusammen. Im Krug des Raumes, dessen tönerne Wände eine Flüssigkeit umschließen, die unbedingt auslaufen will, scheinen Zeichen durch, die entstellt sind durch die wellenförmige Oberfläche und die Brechungsgesetze. Brot und Wasser, die Senkrechte und Waagrechte sind, bringen den Fisch hervor, zerlegen ihn dann in ölhaltige Lachen, die die kalten Flossen des Lichtes und die Schuppen der Feuersbrunst in die Häuser bringen. Und auf dem Leib dieses Fisches, der aus dem Fleisch und Blut der Himmelsrichtungen hervorgegangen ist, sieht man das Kreuz, das Bild des männlichen Prinzips, der positiven Zahl und der pestgeschlagenen Häuser...«

So sprachen die Wolken in ihrer Donnersprache, ohne daß sie die Stimme hätten übertönen können, deren Schwingungen zwischen zwei Polen (dem der Liebe und dem des Geistes) oszillierten und versuchten, die kristallinen Kanten zu ersetzen durch die triefenden Algen und die fleischfressenden Blumen der Liebe, indem sie an die Stelle der toten und eiskalten Ebenen des starren Geistes das von hitzeflirrendem Gras umgürtete Abenteuer der Tropen rückten.

In meinem Mund, der Grube der Wörter und des Kusses, waren Denken und Verlangen verschmolzen, nichts anderes mehr als jener einzige Ausdruck: Sprache, und ich konnte nur mehr Silben modulieren wie jene Stimme, die fühlbare Liebkosung der Ideen, die bald mit Zähnen zerfleischt wurden.

Durch einen Windstoß von seinen Ketten befreit, war das Geldstück, das über dem Schild hing, wie ein Neumond in den Himmel aufgestiegen, dann aber verschwunden, zerfressen von den ätzenden Säuren, die die Sterne absondern. Die Wolkenkratzer, Kirchen, Bordelle und Theater waren untergegangen, niedergestreckt von der Raubtierstimme, die Erde, Holz, Eisen, die magischen Wellen von Wasser und Feuer verschlang. Das ganze Weltall war bald nur mehr ein großes lanzettförmiges Blatt, in dem jede Ader einem meiner Abenteuer entsprechen sollte und auf dessen Spitze die Stimme sich niedergelassen hatte wie die Frauengestalt, die den Bug der Schiffe schnittiger erscheinen läßt, oder wie der Gifttropfen, mit dem gewisse Negervölker die Klinge ihrer Speere beträufeln.

Die Revolverkugel kreiste nicht länger im Raum, und noch rot vom Blut derer, die sie getötet hatte, rollte sie jede einzelne der Adern entlang und zog wie ein roter Zeigefinger die Bahn des Saftes nach.

In der ersten Ader sah ich mich so, wie ich war, als ich der Unbefangenen nachjagte durch das Labyrinth ihrer Gesten, die für mich den Takt der Zeit schlugen. Mein Körper war eine hohe Standuhr, die eingestellt wurde von einem großen Menstruationsstrom, der die Welt abwechselnd in grelle oder fahle Farbtöne tauchte, je nachdem, wie stark die Flut der Anziehungskraft des Mondes ausgesetzt war, und mein Kopf war nur eine leere Glocke, die periodisch widerhallte unter den ungestümen Schlägen, die von draußen hereindrangen. Meine Arme hingen an mir herab wie Gardinenstangen, über die die Vorhänge der Handlung glitten. Ich wünschte mir, durch und durch mineralisch zu werden, nur mehr ein einfacher Stein zu sein, der schon Feuer schlägt, wenn ihn ein Fingernagel streift.

Aber schon bei der zweiten Ader wußte ich nicht mehr, wer ich war.

Ein Strohhalm, ein zuckender Mundwinkel, das Kielwasser eines Schiffes, das Kurs auf die Levante hielt, eine Note auf einem grotesken Musikinstrument, ein Brosamen, der abfällt bei einem offiziellen Festessen, eine Hostie, eine Blume im Knopfloch eines Strolches, das rosa Knie einer Prostituierten, ein Tier in einem prähistorischen Wald, ein Nordstaatensoldat des Sezessionskrieges, ein römischer Augur, der Astrologe, der die erste große Pest von London vorhersagte, ein von den Vorstadthunden abgenagter Knochenrest, eine Büchse mit Reispuder, eine Bombarde, ein Sextant, ein Schlußpunkt am Ende der Arbeiten eines Mathematikers, ein Imperfekt Konjunktiv, ein Komma, ein Gedankenstrich, das Paar, das von diesem Gedankenstrich vorausgesetzt wird, ein alter Einband mit rissigem Rücken, eine Briefmarke in der Sammlung eines Milliardärs, ein Schild, den ein Kreuzfahrer beim Heiligen Grab zurückließ, der Zusammenstoß zwischen einem Zug und einer Herde, die Partikel, die die Erosion von der Erdkugel abträgt, ein Stück Band, das als Liebespfand gegeben wird, der letzte Hauch eines Spiegels, der Glanz einer wundervollen Haut und der vermutete Blick eines Blinden, all das war ich zugleich, eingetaucht in ein Chaos, dem einzig eine Stimme mich entreißen konnte.

Vergeblich wies mir der Zeigefinger den genauen Verlauf der Adern, sie waren für mich doch nur abstrakte Zeichen, unter denen jeder beliebige Gegenstand verborgen sein konnte. Das Blatt war eine reine Wüste oder eine Anhäufung von Monstern, die mir alle gleich schienen in einer völligen Aufgabe jeder menschlichen Hierarchie. Aber die Stimme, dieses in sich selbst vernarrte Sprechen, das ich *Leib und Seele* nannte, zog mich in ihren Bann. Sie hatte sich von der Spitze des mittlerweile verwelkten Blattes gelöst und riß mich hinter sich her, in die Leere des absoluten Raumes. Ich erinnerte mich an die wie Pfeile hingestreckten Körper, die vor meinen Augen hinausgeschleudert worden waren durch das Kreisen der Sonne, und an den senkrechten Sturz des Polreisenden, dessen sprachlicher Ausdruck mich aus meiner Steinhölle befreit hatte. Alle Herrscher und alle Herzliebsten bildeten einen Kreis, einen Reigen in meinem Kopf, einen Ring, den ich niemals würde festhalten können, nicht einmal mit der äußersten Anstrengung meiner Finger. Aber diese

Erinnerungen schwanden schließlich selber, und bald blieb ich mit der Stimme ganz allein zurück.

Dann wurde meine Zunge so träge wie ein roter Flanelllappen, die Linie meines Blickes fiel in sich zusammen wie ein Gummi ohne Spannung, alle meine Sinne wurden zur selben Zeit stumpf wie mein Hirn, und erst nachdem ich diesen kläglichen Tod erlitten und mich für immer von den trügerischen Kniffen des Geistes getrennt hatte, spürte ich in einer allerletzten Empfindung, wie meine Glieder auseinanderstrebten – ein wahres Jericho, das zu Staub zerfiel aus Liebe zu einer Stimme –, während mein wirkliches Wesen zutage trat, indem es in den Augen des Schattens den Anschein eines zerbrechlichen Buchstabengerüstes annahm, das ebenfalls beim leisesten Hauch einstürzen könnte.

```
            Z M
E           U                   R
I         T K U                 E
N       R     N               R   U
H     R       F               R   N
E W I G K E I T         É T E R N I T É
I             E           E       T
T               R           R     É
                  R         R
                  O           E
                R             R
                            U
                            T
                          U
                          F
```

GLOSSAR, DIE GLASROSE

Für Robert Desnos

A

Abenteuer	Rabeneuter
Abgebrüht	rüde über Gebühr
Abgrund	Grab und Bad
Abrupt	ruppig und brutal
Absenz	absinkende Sandbank
Absolut	blutlose Taube
Abspulen	Lupen basteln
Abundanz	zu bunter Zaun
Achseln	Elle der Sachsen
Ackerscholle	ocker Schall
Adler	edle Lade
Agonie	ich agiere, behaupte und negiere, geniert durch das nagende Genie
Ähnlichkeit	Keine Nähe führt zur Gleichheit der Teile
Ähre	härenes Rohr
Akademie	Mieder der Kader
Akrobat	Brotkorb und Tabak in Kratern und Kronen
Akt	Attacke der Katze
Akzidens	die Axt dämpft die Zikade
Algebra	gebratene Alge, Zebra am Galgen
Alkohol	kahle Höhle; die beiden O holen Kohle, das Wasser brennt
Alkoven	Kalkofen
Alm	zermalmtes Lama
Alphabet	Gebet des Phallus
Alptraum	Rautenlampe
Altern	rentable Tarantel
Altvordere	Wald gewordene Vorväter
Alveole	Lavaöl
Ambiguität	zwischen Ambra und Gambe

Ambivalenz	Bilanz der Malven
Amen	mahne, Name!
Amor	amaro
Anagramm	Arena der mageren Nager
Anbeginn	Binnengang
Angst	Gesang des Tangs
Animalisch	Lama und Schimmel mischen
Annulliert	vom Nichts inhaliert
Anthropologie	Gier nach Tropen und Panthern
Antinomie	ominöse Mumie
Antike	kantige Tage der Titanen
Anus	Außennuß
Anzahl	Zahnlanze
Aquarium	kaltes Quartier des Requiems
Ära	geräderter Aar
Arbeiten	abtreiben
Arbeiter	Drahtreiber
Arche	Rasche Scherben
Argument	mutige Arglist gegen den hageren Argus
Arm	Mar
Armatur	Marterraum
Armee	Meer von Armen
Arterie	Terrarium der Nieren
Atem	Tamtam der Lunge
Atheismus	seismisches Theater; heisere Athleten im Sumpf
Atmosphäre	Most aus Phosphor
Attribut	bittere Ratte
Aufbruch	fauchender Schub
Aufruhr	faule Frucht des Anführers
Auftauchen	auf den Tau hauchen
Auftrumpfen	Pfaue im Traum; Strümpfe des Fauns

Augen	sie nagen ungern; ungenaue Gauner
Augenblick	Laubgenick
Aurelia	Laura oder Elias
Aureole	Aerolith; leo aureus
Ausgeklinkt	Lack, Tinktur, Tank
Ausschweifung	junge weiße Schaufel
Authentisch	ein Tisch unter tausend
Axiom	omen maximum
Azur	Urzaun

B

Backen	Eckbank
Bagno	Bad in der Gehenna
Balance	Labsal der Zahlen
Barock	Chor an der Bar
Barrikade	radikale Barke der Straße
Beau	oben, aber ohne Boden
Befristet	Stiefelbett
Befruchten	Theben ruft
Begräbnis	Bären gären im Berg
Beide	Diebe beeiden die Bitte
Beigesetzt	Teigtestzeit
Beine	neben einem
Beinhaus	Bienensauna
Berge	der Regen begräbt sie
Bespannung	die Panne begann in Spanien
Bestattung	statt der besten Nutten die sattesten Jungen
Beten	die Tenne ebnen
Bett	es bebt; Tabes
Bewegen	Gehwege hegen
Bilder	lederne Lider der Liebe

Bitternis	ist nie derb
Blanko	Balkon der Nackten
Blasphemie	Emblem des Asphalts
Blau	Laub in den Augen
Blessur	rußende Blässe
Blind	den Anblick lindern
Blitz	Silbe = Satz
Blut	es blüht in den Tuben des Leibes
Blüte	Bluttüte
Bolschewismus	löscht das Wissen um Schismen; Wismuth aus der Wolga in Schobern
Borniert	Tiere in Roben
Braun	gebratener Raum
Brüderlichkeit	keine derben Lichtdrüsen
Buch	Schub
Bürgertum	Mut des Würgers zum Betrug
Busen	Bunsenbrenner

C

Chiffriert	Pfirsichziffer
Capa	Alpaka
Cholera	klärt die Rolle der Allergie
Cogito	ego igitur
Corrida	Ritt gegen den tobenden Stier
Courage	urgent age
Credo	Rodeo

D

Dachluke	acht Kluge lachen
Damokles	Modenlexikon; Sockel der Danae

S'
É
L E
A C
N
E
L
SIÈ F
SPECTACLE
Y
C
E
L
È
T
U
R
C
S

Arbre de stuc.

Stuckbaum

Dämon mondäner Nomade
Danaiden naive Najaden, dünne Nereiden
Dauer rauhe Uhr
Death seht her; tca in the head
Definieren sich verirrendes Reden
Deklination kleines Latinum
Delirium irdene Lieder
Demiurg Ruhrgebiet
Demokratie Damokles kramt in den Akten
Denken das Ende kennen
Depraviert zu viert prahlen
Desaster Rast an der Straße der tastenden Schatten
Dezimieren Mieder zieren
Diamant Amt des Mahdi; Mantel des Midas
Dichte ist die Fichte echt?
Diebe beide üben
Differenz die Fährte endet im Zentrum
Diktator taktierender Tiger
Dogma Gog und Magog
Dolch Doldenschloß
Dominieren nie modern; im Dom urinieren
Don Juan Jude der Nacht
Dolmen Moldau
Dream Drama
Du Unser enDe
Dünen dünne Hünen

E

Ebene neben den Nebeln
Eierstöcke Reisekosten
Einförmigkeit frommer Griff in den eigenen Teig

Le roc dans l'urne dans le cercle vicieux dans le mur raviné dans la double ÉCHELLE.

Der Fels in der Urne im Teufelskreis in der ausgewaschenen Mauer in der zwiefachen LEITER

Einführen	an die Frühe rühren
Eingeweide	der Wein geht wieder zur Neige
Einheit	nein zum Eiter
Einsam	sein Name; mein Same
Einsamkeit	Maskeneid
Ekelhaft	Hafer keltern
Elefant	Telefon
Elfe	Fell ohne Fleisch
Ellipse	Seil im Pelz
Emigration	eigener Gram
Energie	gerne gierig
Entkräftung	die Crew kentert vor der Festung
Entziffern	den Zephyr entern
Epidermis	Sepsis der Därme
Er	Janus im ERkER
Erblühen	Berliner Hüne
Erbrechen	Scherben sprechen
Erde	Reede
Erdkreis	eisernes Credo
Erektion	der Kerkerrektor räkelt sich
Eremit	Mieter des Meeres
Ermüdung	Meerdung
Erotisch	erratisch
Erscheinen	nicht im Ei scheitern
Erstaunlich	die Austern sticheln die Sterne
Erzbischof	Froschwesir
Esplanade	spanische Läden; Espennadeln
Essenz	Netz im Essen
Etymologie	Moloch der Mythen; eigentümliches Mogeln
Evasion	Evas Vase ohne Sohn
Evidenz	gewetztes Denken
Ewig	Wiege der Wege

F

Fahne	Hanfhefe
Falle	auf alle Fälle
Familie	infame Lilie
Fantomas	vermißt den Taft für den Mantel des Automaten
Farben	Rabenfarn
Faschismus	Aschenmus
Fäulnis	verfilmte Läuse
Federhalter	Pferdehalfter
Feige	eifriger Geier
Feldzug	Fußgeld
Fenster	Nest ferner Sterne
Feuer	Reue der Ufos
Feuersbrunst	sie bräunt die Runen am Ufer
Fibel	Bleifels
Fieber	Vipernbier
Finger	finnische Ringe
Filigran	Fahnengrill
Firmament	viergeteiltes Amt; driftende Riffe am Himmel
Fischteich	feuchter Tisch
Fixieren	gefrierender Styx
Flamme	gefallene Ampel
Flasche	Schallfaß
Flanke	Flanell des Enkels
Flaute	faulendes Tau
Fleisch	Eischleife
Flitter	Liftfilter
Florett	die tote Flora wird tätlich
Flug	Luftfuge
Flugbahn	Büffellauge

Flüsse	Sylphen
Folter	der Rolltreppe folgen
Folgern	auf den Felgen fahren
Formeln	Morphium der Elfen
Fortpflanzung	die Zunge als Frostlappen nutzen
Frage	Giraffe des Grafen
Frau	Ufer
Freiheit	reife Tiere
Frieden	die Nerven
Frivolität	Feste in der rue de Rivoli
Frische	Schiffsriff
Fron	ohne Orpheus
Frost	Ostern im Forst
Frühling	klingende Hügel und linde Luft
Funken	Kufen des Feuers
Fußboden	Dosenphobie
Futur	Furt zu den Urnen

G

Gabel	belebte belgische Gasse, abends
Galeere	Gala an der Reling der Lager
Galgen	Gegenlage; enge Galle
Ganggestein	eigenes Nagetier in der Eisenstange
Gänsehaut	Tänzerhaus; tausend näselnde Hände
Garten	Gras auf Raten
Gasse	Abgesang der Asse
Gebäude	Dungbäder
Gebeine	Ikebana
Geblendet	unter den Gabeln des Lichts verendet
Gedanke	nackter Degen
Gefahr	Harfe im Regen

Gegenwart	arger Gartenzwerg
Gehirn	irrende Niere
Gelblich	bleicher Begleiter
Gemäuer	Rheuma der Germanen
Gemurmel	gelbes Urmehl
Generation	Tarnung der Gegend
Genie	eignet sich nie
Genuß	Negus
Gericht	gichtiger Trichter
Gerippe	Périgord
Gerücht	der Türsteher grüßt
Gesäß	Eß-Säge
Geschmack	gackernde Masche; kaschiert den Magen
Geschwätz	ätzende Wäsche
Gesellschaft	gellender Fettschall; lässige Geschäfte
Gesicht	seichte Geste
Gewitter	Reitweg der Winde
Gewölbe	Bollwerk gegen die Wolken
Gewunden	runde Gewänder
Gewürz	erzürntes Gewächs
Gigantisch	Schattengitter
Gipfel	Pfeilfelge
Glänzend	Goldzähne
Glas	Algenaas
Glatteis	Sattel der Geleise aus Glas
Gleichheit	geeichte Leichenteile
Glied	liegt allem zugrunde
Glück	Lücke in der glühenden Kugel
Goldschmied	Lid des erloschenen Globus
Gott	Oktober in Togo
Göttlich	gelötetes Licht
Grab	Garbe

Grabmal	Baggeralm
Grammatik	Tangramkitt
Granate	gärende Natter
Grau	Augur
Grausamkeit	Tau im keimenden Gras
Grazie	Drahtzieher
Gravität	der Täter am Grab des Vaters
Grimasse	Sarg der Maske des Mimen
Großartig	Sargsorten; Rosse und Tiger im Garten
Grün	Farbe der Gründe
Gurgel	gelber Krug

H

Haar	Rahen des Kopfes
Haarkleid	Aderkeil
Hals	Salzlasso
Halluzinieren	haltloses Randalieren der Sinne
Häuser	Säuren
Haut	Asthut
Heckenrose	Reckenhose
Heft	fette Hefe
Heilen	eilender Hehler
Henker	ungern
Heraklit	klirrendes Orakel aus dem Krater
Herbst	sterbendes Herbarium
Herde	gedehnte Erde
Herkules	Herr der Keule
Hexerei	feixende Rehe
Hieroglyphen	riesige Vögel mit goldenen Flügeln
Himmel	ein Eimer Lehm
Hinabsteigen	der Teig bahnt sich den Heimweg

V E

A E R

I N U

G T

U

I C

L

E

L

O J

N

O

C

La fronde.

Die Schleuder

Hirschkäfer	frischer Kefir
Holophernes	den Kopf entfernen
Hotel	Nothalt
Hüfte	Huftuch
Human	Mantua
Huren	ruhige Uhren
Hydra	dürre Dryade
Hymen	sich die Mühe nehmen
Hyperbel	gebügelte Perle

I

Irrsinn	irdene Risse in der Erinnerung
Ikarus	Karies des Adlers
Ibis	Hibiskus
Idee	Iden der Eide
Identität	die Täter sind die Täter
Idol	Idylle am Lido
Imaginär	Magie der Närrin
Immanenz	Zähne des Imam
Individuum	Mund der indischen Diva
Industrie	düstere Rinde der Tiere
Instrument	männliche Menstruation
Intervall	alle Winter
Irrgarten	Rittergarn
Ithyphallisch	falscher Typhus
Incubus	Imker im Bunker

J

Jalousie	Laien im Silo
Jambus	japanischer Bambus

QUADRATURE

RATURE

TUERIE

La hache.

Das Beil

Josua	aus Soja
Judith	Tidenhub
Jungfrau	verjährende Fauna
Justiz	im Sitzen stutzen
Juwelier	jews were here

K

Kadaver	da capo, Eva
Kadenz	Zedernkranz
Kalauer	Kerkeraula
Kalender	Ende des Kalkrands
Kalkül	Kalkküken
Kalligramm	Migräne der Alligatoren
Kalt	lackierter Altar
Kannibale	Balsamkanister
Karneval	Karawane der nautischen Lava
Katakombe	Attacke mit Bombe
Kategorie	Toga der roten Katze
Katholizismus	in der Kälte musizierende Lotsen
Kausalität	sie lädt den Kasus in den Saal
Kehrtwendung	Wehrkunde
Kellerfenster	sie verstärken das Fell der Sterne
Kette	Theke; Text
Kielspur	Spielkur des Wassers
Kiesel	Eckseil
Kilogramm	der Oger killt das Lamm
Kirche	Riksha
Klamauk	Malkur; Ulk in der Kammer
Kleinod	kein Nylon
Kleopatra	lockende Leopardin aus Alabaster
Klerus	Klolurch

Klippe	Lippe des Pilgers
Klitoris	kitzelndes Tor
Kloake	Kohlenlaken
Knie	sie nicken immer
Knorpel	Nordpol des Körpers
Knochengerüst	es grüßt den Koch
Koffer	offene Kartoffel
Kometen	Raketen im Koma
Kompaß	Moskauer Pappe
Konfession	Festakt ohne Essen
Konjektur	türkischer Lektor
Konjugation	Nougat der jungen Nation
Konkav	von Kamm zu Kamm
Konstellation	Stellkunst
Kontradiktion	Ixions Kontrakt
Körper	Korb von Roben; zerbröselter Kopf
Korsaren	rasende Kosaken des Wassers
Krankheit	Kakteen an einer langen Leine
Kraken	nackte Arkade
Krater	Rakete in der Arktis
Kreaturen	räudige Karten
Kreuzzug	Regenzeug
Krieg	Kirgisenriege
Kriegerisch	kriechende Schergen
Kriminell	schnelle Kirmes
Kokain	Kains Nikotin
Kristalle	Steinlakritze
Kruppe	die Puppe der Crew
Kummer	murrendes Unkraut
Kurtisane	kurzer Ruck der Nase
Küssen	Nüsse knacken
Kyrie	Kür des Küsters

L

Labor	Bolero
Labyrinth	Ballsaal des Tyrannen; halbierter Rhythmus
Lagune	Algenlauge
Laminar	Marslimonade
Landschaft	Naschtafel
Lauschen	den Schallschaum lutschen
Leben	Nebel über der Elbe blendet bei Ebbe
Legendär	Geldränder
Leiden	Lenden der Idee; neidleer
Leidenschaft	Lederfasching
Leiter	die Teile der Eile
Leuchter	Lichtstreuer
Leuchtturm	der Rummel täuscht
Licht	stillt die Liebe der Dichter
Liebkosung	die Kiesel loben
Likör	Chorlicht
Limit	timeless myth
Limone	eiliger Mond
Lippen	an Pillen nippen
List	die Stille liest
Literatur	Aura des Urteils; Teller voll Ratten
Liturgie	Uhr des lethargischen Tigers
Löcher	röcheln
Löffel	Ölfelsen
Logik	Kolik
Lukretia	Kult der Rekruten
Luzide	Luzifer oder Dulcinea

E

M

E R

M

T B

O MB RE

NI MB E

T B

M

I E

L

Nombre d'ambre.

Ambrazahl

M

Mäander	Meere von anderen Namen
Märchen	Charme
Madame	Mama ahmt die Dame nach
Makaber	arabische Krabbe
Makrokosmos	Marokkos Osmose
Maldoror	er rodet den modernden Laden des Ordens
Malven	Walmensch
Mannequin	Manna der Queen
Mantille	in Lima und auf den Antillen
Marmor	er rammt die Armen Roms
Marschieren	die Armee recherchiert
Maschinen	Schamanen
Matador	er reitet im Aroma des Todes
Materie	Tieramt
Matrix	Mixtur
Mauser	saures Messer
Mausoleum	die Musen lösen das Maß
Meer	mehr und mehr und mehr und mehr
Melancholie	der Nil hat die Anker gemolken
Melodie	Liederdom
Menge	Meerenge
Mensch	Schema
Menstruation	die Turmuhr verstreut die Ration
Meridian	Nadir des Meeres
Messalina	meine Salinen
Messer	stählerne Semmel
Metamorphose	Orpheus' Thema; Form der Metalle und Rosen
Metapher	der Vater des Affen fordert ein Treffen
Metaphysik	sucht nach den Kiemen der Füße; Amethyst des Küfers

Mich	verschimmeltes Ich
Mikrokosmos	Chromosomen im Krimsekt
Milchstraße	lichte Maße der Stirn
Mineral	gealterte Iris der Maler
Mistel	seltener Sims in den Ästen
Mittel	Teilmiete
Modern	rädern oder ermorden
Molar	Rollalarm
Monade	Nomade; Mondader
Mond	Domina
Monotonie	Minute ohne Ton; Ontonomie
Monsieur	Simons Säure
Moos	Osmose
Moral	umrahmt das Orale; larmes d'or
Moränen	sie nähren die Moore
Mörder	rede von Römern!
Mordtat	Made in der Torte
Morphium	immer in Form
Museum	Summen der Mäuse
Musik	Imkerzucker
Mutter	Uterus, Terminus, Turm
Mysterium	stumme Stürme
Mythen	die Themen hüten
Mythologie	Toga mit Hüten auf dem Müll

N

Nabel	bannt die Schale
Nacht	nach den Achaten
Nacktheit	Einakter
Nahrung	den Hund garen
Najade	Diana in Jade

National	Analton
Natur	Tarnung des Autos
Nest	Sendetest
Neurose	Reue der Sonne
Nevermore	Efeunorm
Nichtigkeit	gichtiger Tiger in Eichenketten
Niemand	... dann Manie
Nieselregen	Fliesen legen
Nichts	Gesicht des Nie
Norden	Dornen ordnen
Notwendigkeit	den Kot ohne Neid wenden

O

Olive	viel Öl
Objekt	jede Kette am Boden
Odaliske	klassische Dolde; leiser Code
Ödipus	dösende Sippe
Offizier	Ofenzier; die Zofe verführen
Ohren	rohe Rohre
Olymp	Pol der Symbole; Polynom
Opfer	Perforation der Poren des Todes
Opium	Honigpumpe
Orakel	Kalchas krakeelt
Organ	Angoragarn
Originell	nörgelnder Gorilla
Orkan	entkorkter Ozean

P

Paarung	graue Raupen
Palast	Stall des Satrapen

H E

O M

M

GERME

R

E B

H E

L'écartelé.

Der Gevierteilte

Pandora	anderes Porzellan
Parabel	Lepra in Babel
Penis	Eispein
Perlmutt	Leertrupp
Perspektive	fiktiver Speck
Pferd	Fahrrad
Pflanze	Zellenpfanne
Pforte	Proteus tropft
Phänomene	die Mähne des Neffen mähen
Philosophie	die Silos von Oslo öffnen
Piedestal	Podest der Vestalin
Pimmel	Melpomenes Himmel
Piratenstreich	ich reiche dem Patrioten den Strick
Plage	Gallenpegel
Po	Oper der verpönten Posen
Polizei	Bleizoo
Pelz	Zeppelin
Poesie	Äsops Pest
Porphyr	fürstlicher Pfropfen
Präsenz	prasselnde Zähren
Priester	Preis der Stiere
Privilegien	Vipern in viel gepriesenen Villen
Professor	gefesselter Sopran
Prometheus	Prothese des Menschen; hermetischer Proteus
Prophet	er heftet das Photo von Orpheus an den frostigen Ofen
Providenz	Provinz der Dentisten
Psychoanalyse	kanalisiert die Lapsus schonungslos auf dem Kanapee
Psychose	die Soße der Psyche verläßt ihre Schüssel
Pupille	die Pille unter der Lupe

Pyramide	gegen Dynamit armierter Porphyr; Maden in Ypern
Pythagoras	Pythia grast auf der Agora

Q

Quadrant	Tankwart
Quälend	überdehnte Qualle
Qualität	ältere Gewalt
Quantität	kalter Tequila
Quelle	Liquor
Quintessenz	Entenquiz

R

Radspur	Ruderspaten
Raum	Mauer
Regen	gerne negieren
Regenbogen	gehobener Rogen
Reif	weißer Firnis
Reise	Riesen reizen
Remember	die Erben jammern immer
Religion	heilige Region oder gieriger Gorilla?
Revolution	ein Liter Veronal
Rhetorik	Erotik
Rinde	Tintenrand
Ring	nicht gering
Robe	der obige Eber
Rose	die See ist rot
Rosenkranz	Ohrenzank
Rouge	Burggrube
Ruderer	Erudition der Erdrinde

Rute	auf die Urteile treten

S

Saatgut	ein satter Gau
Säbel	die Salbe selbst
Sakral	Gralskasse
Sakrileg	gelbe Chrysalide der Lakritze
Salome	Sammellos
Sanftmut	seidiges Mammut
Sardanapal	Narde und Opale von Sardinien bis Nepal
Saufgelage	überlaufende Gallenlauge
Savanne	nasse Vase
Schaben	Abend unter Eschen
Schädel	Adel schädigt
Schafott	Ort der toten Schafe
Schauder	Dauerrausch
Schaum	Wassermasche
Schema	Menschenasche
Schiff	Eisenfisch
Schiffbruch	Riffe buchen
Schimmer	mein Schirm
Schirmmütze	Zimmerschutz
Schisma	Masochismus
Schlacht	die Tasche achteln
Schlaf	falscher Affe
Schlägerei	den Reigen schälen
Schloß	lose Scholle
Schluchten	schlecht beleuchtete Schuhe
Schluchzen	Luchse zucken im Schlund
Schmach	Macht der Asche
Schmerz	ausgemerzter Scherz

```
     S
EURÊKA
     U
     V  R
    LANGAGE  O
     G  V    U
     E  A    V
        GAGEURE
        E    A
             G    S
             EURÊKA
                  U
                  V  R
                 LANGAGE  O
                  G  V    U
                  E  A    V
                     GAGEURE
                     E    A
                          G
                          EURÊKA
```

L'escalier d'Archimède.

Die Treppe des Archimedes

Schrank	rascher Anker
Schraubstock	erschrockene Traube
Schrecklich	ungedeckter Scheck
Schrumpfen	den Rumpf schänden
Schultern	tuschelnde Schüler und Eltern
Schuhe	huschende Häscher
Schüssel	Schüsse auf den Sessel
Schwanz	Schwanzahn
Schwarz	Razzia bei der Schwester des Arztes
Schweigen	weicher Geifer
Schweigsam	sich in Scham wiegen
Schweiß	seichtes Eiweiß
Schwingung	Gin wünschen
Segel	Seeigel
Sein	Eisenei
Selbstmord	derbe Bloßstellung; das beste Mehl roden
Semantik	mantische Sedimente des Samens; Seemannstick
Seufzen	zerfetzte Reusen am Seeufer
Siegel	Geleise
Silbe	Bazillus der Sybille
Sinnlichkeit	kichernde Leiche, die schnell sinkt
Sintflut	sie nistet in der Luft
Skelett	die Lettern klettern aus dem Keller
Sklaverei	Eisklavier
Skulptur	mit der Lupe den Puls im Skalp suchen
Sockel	lockerer Kloß
Sodomie	Moden in Sidon
Sonne	non-sense
Sonnenblume	glänzende Nonnenbluse
Sorge	großer Orgelsee
Souverän	wer ändert die Fußsohlen?

R

M U

O

M U I

R

A I R

R

O

I

R

Le sceptre miroitant.

Glitzerndes Szepter

Spannweite	Spaten in der Wanne
Speichel	Schleimpfeil
Speise	Peitsche
Sperma	mehr sparen
Spezies	Zipfel, Penis, Zeh
Sphinx	Sphinkter der Nixe
Spindel	dünner lederner Pinsel
Spinnrad	Rispenader
Spiritus	Spur im Ritus
Sprache	erspart die Rache
Sprichwort	Sportbericht
Staat	Satan
Stadt	dust
Statue	an der Tür des Steins tasten
Standuhr	die Hand dürstet
Steinkohle	Eisenlocke
Stierkampf	an Pfingsten sterben die ersten Tiere
Stolz	Ostzoll
Strandgut	rostiger Tand
Strang	Rast der Gangster
Straße	Astern
Stratagem	Straßen unter Tage
Strumpfband	Rumpfstrand
Stunden	Dunst der Uhren
Subjekt	zuckender Kubus
Succubus	Büchsenkuß
Süden	Exsudation
Sümpfe	Emphysem
Suppe	Ruß auf der Espe
Szepter	Rezept gegen zersetzende Skepsis

T

Tafel	Falte
Tal	alt
Talisman	Maismantel
Talsenke	alte Seenelke
Teich	Tiertisch
Teller	Laertes
Terror	sich vor der Rotte retten
Theater	Ratten des Atreus
Theorem	die Orte des Meeres an den Toren des Äthers
Thron	Horn der Tonne
Tierkreis	Christus reist
Tod	roter Dotter
Todesstrafe	leere Dosen auf der befahrenen Straße
Torso	Rostsorten
Total	Totem des Tantalus; Lotterie um das Alter des Todes
Trägheit	feit gegen Gärung
Tragödie	die Götter erröten
Träne	die Rente
Transparenz	Parzelle des Tarnranzens
Transzendenz	der tragende Sand geht zu Ende
Trennwand	Tannenwald
Triangel	langer Ritt des Anglers
Trismegistos	Magister tragischer Mysterien
Trugbild	Grube der Blinden
Trümmer	mürbe Türme

U

Ubu	Balance zwischen zwei Urnen:
	Phallus oder Buridans Esel
Umarmung	Marmorgummi
Umgewandelt	die Wange wird zum Delta
Unbestechlich	ich beichte schlecht
Unglück	verklungener Kult
Universal	Larven der Sonne
Unsagbar	Grabsaum
Unselig	Nüsse auf die Geleise legen
Unsterblich	es bersten die bleichen Stunden
Unterleib	blutunterlaufen
Unzucht	unter dem Tuch
Unwetter	rettet die Wunden
Urinieren	Runen entrinnen den Nieren
Urne	raunender Ruß
Utensil	Linsensud

V

Vagabunden	windgebundene Botengänger
Vampire	Imperium an der Riviera
Vase	voller Wasser für versklavte Blumen
Vaterland	Nadelfahne
Vegetabil	wildes Tagebuch
Veilchen	Beilchen
Verdacht	Drahtverhau
Vergangenheit	angenehme Fertigteile
Vergnügen	die Genfer rügen gern
Vergraben	damit die Berge nicht darben
Verlangen	Nervenangel
Verlobte	verlorenes Brot

Vertikal	erkalteter Ikarus
Verwesung	Verwässerung
Verzweiflung	aus der zweiten Lunge pfeifen
Vesuv	wessen Ufer sucht er heim?
Veto	ohne Votum
Viehweide	his wife is hiding
Villa	lila Phiole
Vögel	Löwenfelgen
Vokabeln	wo Kabel sind, erkalten die Alkoven
Volumen	Wolleulen
Vulkan	Kultfalke
Vulva	Olive der Wölfin

W

Waggon	Mahagoni auf Watte
Walküre	Kür der Wälsungenriege
Walhalla	lallende Wale
Wanduhr	den Hund warnen
Ware	wenn sie wahr wäre...
Wäsche	die Schale einweichen
Wasser	Esse des Wetters
Wassermann	er wacht über nasse Massen
Wasseruhr	russischer Wahrsager
Waterloo	verlorene Lotterie
Waterproof	to prove the roof of water
Weißdorn	eisiger Nordwind
Werden	Erde wenden
Werkzeug	Gewürzkrug
Westen	Wespennest
Wetten	wen töten?
Whiskey	Eskimokuß

Wimper	wer impft die Perser?
Winde	indische Wände
Windstoß	die tosende Tinte gewinnt
Windhose	wo sind die Hoden?
Wir	wirr
Wirbelsäule	Leben in silbernen Läusen
Wissenschaft	die Hälfte von acht ist fast sieben
Wolke	Wasservulkan
Wollust	lose Wollsucht
Worte	rot werden
Wurzeln	Wellen festzurren
Wüste	siedende Steine in der Weste
Wunder	die Erde verwunden
Wunderbar	der Wurm und die Barden

X

Xenophobie	Foxtrott jener Epheben
Xerxes	Sargsex
Xylophon	Lohn der Füchse

Y

Y	gespaltener Schweif des Todes
Yatagan	die Türken tragen ihn täglich
Yacht	Tacho aus Achat

Z

Zauberbuch	Zarenbauch
Zebrastreifen	Brandzeichen der Straße
Zeichen	es scheint einzelne Steine zu eichen

Zeitvertreib	den Briten verzeihen
Zenit	Zitze oder Tatze im Netz des Himmels
Zentauren	Zeus trauert
Zero	Eros auf den Rost zerren
Zersetzung	das Teenetz zerfetzen
Zerstörung	die Zunge rösten
Zickzack	Zangen kitzeln die Zögernden
Zigarette	geteerte Ziege
Zirkus	Kurzschluß
Zisterne	Narziß sieht Sterne
Zitrone	ohne Zittern
Zobel	Fabelzoo
Zoologie	der Golem zieht den Glockenzug
Zoroaster	rote Raster des Zorns
Zufall	falsche Urzahl
Zufrieren	rire fou
Zustürzen	les tours sous la Seine
Zwietracht	acht Zwitter in sich tragen
Zunge	Ungeziefer

L

E

H I

C R

MI IS

C R

H I

E

L

Le plongeoir de Narcisse.

Der Brunnen des Narziß

Der Versuch, eine deutsche Version von Leiris' Glossaire (aus dem Jahr 1926) vorzulegen, bedarf wenn nicht einer Rechtfertigung, so doch zumindest einer Erläuterung: es ist ein subjektives Lexikon in Gestalt einer alphabetischen Auflistung von Wörtern, die Leiris nach den Verfahrensweisen des Anagramms, der Metathese, ja des Kalauers in ihre lautlichen Elemente zerlegt und dann durch die Rekombination dieser Elemente mit neuen, oft überraschenden oder abgründigen Bedeutungen belädt. Diese Manipulation des Signifikanten erschöpft sich jedoch nicht in einem mechanischen Wortspiel, sondern bringt in jener Zone von Arbitrarität, die sich zwischen Ausgangsterm und dessen analytisch gewonnenem Äquivalent eröffnet, eine subjektive Logik zur Entfaltung, durch die die Sprache sich gleichsam mit poetischem Potential auflädt. Durch seine Bedeutsamkeit für den frühen Surrealismus nimmt das Werk einen festen Platz ein auf der Linie, die von den Kontrafakturen Lautréamonts (in den *Chants de Maldoror*) bis zu Roussels Kompositionsmethode reicht und sich auch eng mit de Saussures paragrammatischen Forschungen berührt.

Die Übersetzung konnte lediglich das Vokabular an Grundwörtern und die analytische Verfahrensweise des Originals übernehmen. Die deutschen Entsprechungen von Leiris' Basiswörtern wurden erneut in alphabetische Reihenfolge gebracht und anschließend nach den Möglichkeiten der deutschen Wortbildung zergliedert und auf mögliche Ableitungen in relativer Nähe zu den französischen Vorgaben untersucht. Die Zahl der semantischen Äquivalenzen zwischen den so gewonnenen deutschen

Neuschöpfungen und denen des Originals blieb dabei – bis auf den seltenen Fall homonymer Begriffe in beiden Sprachen – erwartungsgemäß sehr gering. Es wurde aber versucht, Leiris' Grundvokabular und bestimmte stets wiederkehrende Assoziationsketten zu respektieren und die surrealistische Komponente seiner Spracherkundung ungeschmälert wiederzugeben. Daß bei dem Versuch einer solchen nachschreibenden Vermittlung die subjektive Position des Übersetzers in seiner eigenen Sprache sich nicht ausklammern läßt, bedarf wohl keiner besonderen Betonung. Insofern vermag die deutsche Fassung des Glossaire keinen weitergehenden Anspruch zu erheben als den, ein in sich stimmiges Analogon zu bilden zu jenem Vorstoß, den Leiris in den Anfängen der Surrealistischen Revolution in den Binnenraum der Sprache unternahm.

Michel Leiris' exzessiv poetisch-linguistischer Umgang mit der Sprache ist in seinem *Glossaire* prinzipiell nicht *anders* als in seinen anderen Arbeiten, er ist nur konsequenter im Eindringen in die Struktur des einzelnen Wortes. Seine Wort-Aufbrüche, seine imaginativen und assoziativen Veränderungen eines Repertoires und Vokabulars sind bereits *Übersetzungen*, an die sich die in der deutschen Ausgabe versuchten Übersetzungen anschließen; es sind Verlängerungen in der Annäherung an das »Original«. Da wir, wie dies Jacques Lacan psychoanalytisch präzisierte, nie im Besitz des Originals sind, sondern uns immer schon in Übersetzungen bewegen, hat die deutsche Übersetzung von Leiris' *Glossaire* sowohl den Charakter einer Übertragung des »Originals« in eine andere Sprache wie auch des Fortschreibens der Leirisschen »Übersetzung«; sie ist »Übersetzung« und »Text« zugleich – unüberschaubar in ihren Verästelungen und möglichen Veränderungen.

Simon Werle und Felix Philipp Ingold haben versucht, unabhängig voneinander das Verfahren einer solchen Übersetzung durchsichtig zu machen. Die Übersetzungsproben von Ingold und die Auszüge aus der französischen Edition sollen die Unabschließbarkeit der hier von Werle begonnenen Arbeit aufzeigen und zu deren lustvoller Fortsetzung verführen.

Wörter wie Liebe machen

erotisch – erratisch – despotisch – idiotisch?

Felix Philipp Ingold

»Übersetzung« als poetisches Verfahren

»Einen Inhalt der Sprache gibt es nicht; als Mitteilung teilt die Sprache ein geistiges Wesen, d.i. eine Mitteilbarkeit schlechthin mit.«

Walter Benjamin

In einer lyrischen Adresse an Peter Huchel hat Günter Eich die *Dichter* als »bescheidene *Übersetzer*« bezeichnet; wobei er, wohlverstanden, nicht an interlinguales Übersetzen dachte, nicht an die Übertragung fremdsprachiger Texte in diese oder jene Zielsprache, vielmehr daran, daß der Autor – als Übersetzer »etwa von Fahrplänen, / Haarfarbe, Wolkenbildung« – primär mit der Aufgabe konfrontiert sei, die ihn umgebende Wirklichkeit mit möglichst geringem Informationsverlust zur Sprache zu bringen, und das heißt: den Dingen das Ohr zu leihen, ihnen das Wort zu geben, damit sie sich in ihm aussprechen können. Solchem Urtextverständnis liegt die realistische Vorstellung eines Weltbuchs zugrunde, eines integralen Buchs der Natur, das nicht aus Worten und Sätzen, sondern – wie Roger Caillois im Hinblick auf die *Sprache der Steine* einst festhielt – aus Figuren gefügt ist, »welche nur sich selbst bedeuten«, sich also nicht entziffern, sondern nur sich übersetzen lassen, da sie mit ihrer eigenen vorsprachlichen Botschaft identisch sind. Doch bleibt der Idealfall – Kongruenz zwischen Übersetzung (Dichtwerk) und Urtext (Dingwelt) – unerreichbar, und nur der Naivste wird versucht sein, »aus Eulenspiegels Büchern / die Haferkörner« zu lesen; sie herauszulesen.

»Vor soviel Zuversicht«, heißt es weiter bei Eich, »bleibt unsere Trauer windig, / mit Regen vermischt, / deckt die Dächer ab, / fällt über jedes Lächeln, / nicht heilbar.« – Jedes Lächeln wird, indem der Dichter es in Worte faßt, verwischt, ausgelöscht, dem Vergessen anheimgegeben. Was bleibt, ist sein Name – das, worin es sich kundtut; was es, durch die Übersetzung aus seinem Urtext, *geworden* ist. Das wirkliche Lächeln indes ist für den Dichter ein immer schon *gewesenes*, da es sich allein im Selbstvollzug mitteilen kann; das zur Sprache gebrachte, das versprachlichte ist das vergeistigte Lächeln, das Lächeln in der Mitteilung, das Lächeln in seiner Bedeutung – als ein Bedeutetes. Denn in der Sprache verhält es sich – nach Benjamin, nach Beckett, nach Blanchot – so: »Das sprachliche Wesen der Dinge ist ihre Sprache.« Genauer: »Jede Sprache teilt sich *in* sich selbst mit, sie ist im reinsten Sinne das ›Medium‹ der Mitteilung.« Und dieses Medium bedarf denn auch, will es seiner Übertragungsfunktion optimal genügen, sorgsamster Reinerhaltung. Der gemeinen Alltagssprache, welche noch Valéry als unbedarftes »Mädchen für alles« verächtlich machte, soll »eine reine, ideale *Stimme*« abgewonnen werden, in der nicht mehr das Ich des Autors, sondern das Selbst des Textes sich mitteilt. Nur im ästhetisch geläuterten Medium der Sprache können die Dinge zum Sprechen gebracht werden, und wo die Dinge ihre »Sprache« gefunden haben, spricht (und bespricht sich) die *Sprache* selbst. Als Folge davon verdichtet sich der Konnex von Laut und Bedeutung bei gleichzeitig sich lockernder oder gar gänzlich sich auflösender Verbindung des sprachlichen Ausdrucks mit dem Wirklichkeits-, beziehungsweise Wahrheitsgehalt der Aussage. Es ist eines der Hauptmerkmale dichterischer

Texte, daß ihre Bedeutung sich nicht aus dem Rückbezug einer wie immer gearteten »Botschaft« auf ein verifizierbares Wirklichkeitskorrelat erschließen läßt; daß es statt dessen die Sprache ist, welche die Bedeutung – die Bedeutungen – hervorbringt, sie im Text manifest werden läßt. Bei Maurice Blanchot findet sich (in einem Essay über Mallarmé) die folgende poetologische Formel dazu: »Le sens du poème est inséparable de tous les mots, de tous les mouvements, de tous les accents du poème. Il n'existe que dans cet ensemble et il disparaît dès qu'on cherche à le séparer de cette forme qu'il a reçu. *Ce que le poème signifie coïncide exactement avec ce qu'il est...«*

Dichtung bedeutet demnach nichts anderes als das, was sie ist. Diese schlichte Feststellung besagt, daß die Sprache der Dichtung ihre kommunikative Funktion zugunsten der ästhetischen weitgehend abbaut und somit zur reinen Wortkunst (im generellen Sinn einer *poésie pure*) wird. Dominant ist hier also nicht mehr die von Eich skizzierte *vertikale* Übertragungsperspektive (*Lächeln* als Wahrnehmungsdatum/»Lächeln« als Wortbedeutung); dominant wird in der Wortkunst vielmehr das Prinzip der *horizontalen* Versetzung oder Verschiebung, ein Übertragungsschema, dessen Anwendung konsequent auf die sprachliche Wirklichkeit der Dichtung beschränkt bleibt. Dieses Übertragungsschema ist für poetische Texte insgesamt konstitutiv, funktioniert aber auch, als unbewußter Automatismus, in der alltagssprachlichen Praxis und ist namentlich für psychopathologisches Sprachverhalten – vom »Versprecher« bis zum »Zungenreden« – charakteristisch. In verschiedenen seiner poetologischen Arbeiten hat Roman Jakobson mit Nachdruck daraufhingewiesen, daß dichterische Texte weitgehend durch subliminale (lautliche wie rhythmische) Sprachstrukturen programmiert und mithin der Eigengesetzlichkeit von »Wortspielen« unterworfen seien, eine These, die er anhand von zahlreichen Beispielen sowohl aus der Verbalfolklore (Rätsel, Sprichwörter, Guslarendichtung) wie auch aus der Wortkunst Hölderlins, Baudelaires oder Chlebnikows zu erhärten suchte.

Im Gegensatz dazu sei nun aber hier ausschließlich von solchen innersprachlichen Übersetzungsverfahren die Rede, welche *bewußt* als poetische Techniken praktiziert und ins Werk gesetzt werden. Unter diesem Gesichtspunkt wäre der Begriff der Poiesis vollends herauszulösen aus dem Kontext der klassischen Inspirationstheorie und klar abzusetzen von den konventionellen Originalitäts- und Prioritätsansprüchen künstlerischer Literatur. Der Dichter verliert demnach seinen Status als Autor, als Schöpfer von Werken; seine Aufgabe besteht nun eher darin, aus der Sprache *selbst* – und *nur* aus der Sprache – eine Dichtkunst als Wortkunst zu entwickeln, die also nicht auf vorgefaßten Ideen und Konzepten, sondern auf vorgegebenen Texten basiert. Und indem der Autor nach mehr oder minder rigorosen, meist numerischen oder kombinatorischen Regeln auf der Wortebene Buchstaben, Laute, Phoneme *versetzt*, wird er innerhalb seiner eigenen Sprache zum *Übersetzer*; denn der Urtext, der Originaltext – so verstanden – ist stets der Text eines andern, eine Vorlage, die es umzusetzen und zu übertragen gilt, sei es, um sie auf neue Art und Weise lesbar zu machen, sei es, um sie zu verschlüsseln. Dieses ist der Fall bei Geheimsprachen oder Pseudonymen, jenes trifft auf zahlreiche, zum Teil althergebrachte poetische Techniken und Spiele zu, die heute von manchen Autoren – etwa im

Umkreis der Pariser »Werkstatt für potentielle Literatur« *(Oulipo)* oder in der Nachfolge der Wiener Gruppe um Gerhard Rühm – reaktiviert und vielfältig variiert, gleichzeitig jedoch auch schon von kommerzieller Werbung und politischer Propaganda nutzbar gemacht werden.

Die unterschiedlichen Verfahren intralingualer Übersetzung sind offenbar noch nie zum Gegenstand wissenschaftlicher Systematisierung und Klassifizierung gemacht worden. Und doch wären von daher sowohl für die Übersetzungstheorie insgesamt wie auch für die allgemeine Poetik wertvolle Einsichten zu gewinnen; dies schon deshalb, weil innersprachliches Übersetzen weiteste (wenn auch eher periphere) Anwendungsbereiche der Wortkunst erschließt – von der anagrammatischen Bildung des Autorennamens (z.B. »Celan« für *Anczel*) und entsprechenden phonetischen Lesarten von Initialen (z.B. »Van« für *V.N.*, d.i. Vladimir Nabokov; *je* für »E.J.«, d.i. Edmond Jabès) über künstlerische Markenzeichen (wie »Rrose Sélavy«, für *Rose, c'est la vie*, bei Marcel Duchamp) bis hin zu anagrammierten und palindromatischen Textgebilden (etwa bei Georges Perec, André Thomkins, Markus Raetz, Peter Huckauf), zu diversen dichterischen Wortspielen (Paronomasie) und zu Variationen auf eigene oder fremde Texte (z.B. als Resümee; als Parodie; als Übertragung von direkter in indirekte Rede, von der ersten in die dritte Person, von Lyrik in Prosa). Dazu kommen Grenz- und Sonderfälle wie homophone Übertragungen (z.B. bei Jabès: »milieu«/»mille lieux«, »Dieu«/»d'yeux«), phonetische Rekonstruktionen (etwa bei Claude Simon: »...IERS [cavaliers?] ...IVRE... [livrent?] ...ENT [courageusement?] ECRA... [écrasants?] ...«) sowie reduktionistische

Übertragungen (z. B. die um die jeweiligen Reimwörter gekürzten Nachschriften vorgegebener Gedichte bei Perec).

Edmond Jabès, Verfasser einer mehrbändigen *poetischen* Philosophie des Wortes, hat die innersprachliche Übersetzung als eine Art von Kommentar charakterisiert, der wie ein Palimpsest den Urtext überlagert und ihn gleichzeitig zur »Erscheinung« bringt: zum *Sprechen*. »Wenn ich als Beispiel das Wort für ›Kommentar‹ *(commentaire)* nehme, das ich als *Comment taire?* (›Wie verschweigen‹) schreibe, so stelle ich mit Erstaunen fest, daß hier bereits alle tiefreichenden Problemansätze aufgezeigt sind. In der Tat bedeutet ›kommentieren‹ soviel wie einen bereits festgelegten, bereits erstarrten Sinn zum Schweigen zu bringen. Es bedeutet aber auch, die unmittelbare Auffassung, die wir vom Text haben, zum Schweigen zu bringen, um ihm die Chance zu geben, sich durch sich selber auszusprechen.«

Daß die oben angeführten Textbeispiele mehrheitlich dem französischen Sprachbereich entstammen, ist kein Zufall; denn gerade in Frankreich, wo die Wortkunst schon immer dazu tendierte, sich rigide Verfahrensvorschriften aufzuerlegen, um Zwang und Einschränkung zur Quelle der Imaginationskraft werden zu lassen, konnte das sprachinterne Übersetzen in der poetischen Praxis – seit Alfred Jarry – eine traditionsbildende Kontinuität gewinnen, die ihre Eigendynamik bis heute nicht verloren und in der kollektiven Arbeit der »Werkstatt für potentielle Literatur« ihre vorläufig markanteste Ausprägung gefunden hat. Insbesondere die Wortkunst der Surrealisten ist für diese Art von Literatur vorbildlich geworden – so, vor allem, das großangelegte *Glossar* von Michel

Leiris, der die Möglichkeiten horizontaler Laut- und Buchstabenversetzung an Hunderten von Beispielen erprobt und ein nahezu vollständiges Repertoire innersprachlicher Übertragungstechniken geschaffen hat.

Als »Wörter ohne Gedächtnis«, mithin als poetische, von jedem Wirklichkeitsbezug befreite Mikrotexte, wollte Michel Leiris jene verbalen Fundstücke verstanden wissen, die er 1939 unter dem programmatischen Titel *Glossaire j'y serre mes gloses* in alphabetischer Reihenfolge zusammenfaßte und die heute zu den wichtigsten Zeugnissen sprachinterner Übersetzung gezählt werden. Programmatisch ist die Titelgebung deshalb zu nennen, weil sie – statt auf Inhaltliches zu verweisen – nur gerade das demonstriert, ja identisch ist mit dem, was die Sprache, vom Autor sich selbst überlassen, kraft ihrer elementaren Eigendynamik hervorzubringen vermag; »j'y SERRE mes GLOSes« erweist sich bei näherem Hinsehen als eine innersprachliche Umsetzung des Wortes »GLOSSAIRE«, als eine lautliche Übertragung, die zugleich als anagrammatischer Kommentar gelesen werden kann. Nach diesem Prinzip, ausgehend von Substantiven, gelegentlich auch von Adjektiven und infiniten Verbformen, sucht Leiris die Sprache, indem er sie beim Wort nimmt, gewissermaßen zur Selbsterfindung und zur Selbsterläuterung zu veranlassen. Zumeist leitet er von einem vorgegebenen Themawort durch Buchstaben- oder Phonemversetzungen sowie durch Beifügung ergänzender Redeteile poetische Varianten ab, die bald definitorischen, bald mystifizierenden Charakter haben. So kann etwa aus *matière* die Ableitung »mare tiède« (oder auch: »notre litière maternelle«) und aus *zéro* die Wort-Lautfolge »oh! l'érosion de l'essor rosé ... « gewonnen werden.

In anderen Fällen wiederum begnügt sich Leiris mit der phonetischen Übersetzung des jeweiligen Themaworts (*morphine* – »mort fine«; *je* – »jeu«; *ciel* – »si elle?«) oder auch bloß mit der verbalen Transkription von Buchstabenfolgen: chaîne (c/h/a-i/ne) – »c'est / hache / haïe / (et) / noeud«. Das Ergebnis dieses Verfahrens bestätigt aufs eindrücklichste, was Ferdinand de Saussure aufgrund seiner Anagrammstudien zu erkennen glaubte, daß nämlich die Lautgestalt der Sprache (und folglich auch jene der Poesie) durch latente Tiefenstrukturen bestimmt sei, die sich so oder anders auf der Wortebene manifestieren, ob der Sprachkünstler (oder der Sprachkritiker) »es nun wolle oder nicht«.

Es versteht sich, daß anagrammatische Wort- und Satzfügungen, vor allem aber lautbildnerische Sonderformen wie die Paronomasie, das Palindrom, das Lipogramm oder auch nur der konventionelle Endreim sich der adäquaten zwischensprachlichen Vermittlung entziehen. Das *Glossar* von Leiris ist, so besehen, auf exemplarische Weise *un*übersetzbar. Da jedoch in diesem speziellen Fall der Originaltext keinerlei Darstellungsfunktion zu erfüllen hat und daher auch keine außersprachlichen Bedeutungs- oder Geltungsansprüche stellt, mag ein Übersetzungsversuch, der von der Inhaltsebene gänzlich absieht und statt dessen lediglich die Faktur der fremdsprachigen Vorlage in der Zielsprache nachvollzieht, legitim, zumindest diskutabel sein; legitim auch die Idee, der vollständigen Erstübertragung des *Glossars* durch Simon Werle Auszüge aus einer weiteren – fast gleichzeitig, jedoch unabhängig davon entstandenen – deutschen Fassung beizufügen, deren philologische und poetische Andersartigkeit der vorliegenden Nachdichtung nicht nur keinen Abbruch tut, sondern sie, im Gegenteil, um eine innersprachliche Dimension bereichert. Denn als verbale Spielvorlage bleibt das *Glossar*, in welcher Sprache auch immer, grundsätzlich offen. Und erst durch seine Unabschließbarkeit gewinnt es – jenseits der Begriffe, welche ihm zugrundeliegen – Sinn.

In der deutschsprachigen Gegenwartspoesie hat wohl nur Ernst Jandl das Prinzip der intralingualen Übersetzung mit vergleichbarer Konsequenz durchgehalten. Schon Jandls erste größere Einzelpublikation, *Laut und Luise*, enthält fast ausschließlich poetische Originalübertragungen nach vorgegebenen, meist sehr kurzen, oft dem »Volksmund« entnommenen Texten. Dominant sind hier – neben komplexen anagrammatischen Fügungen wie dem *bericht über malmö* – jene simplen Permutationen, die auch in der Alltagssprache (etwa bei Versprechern, in Kalauern) recht häufig vorkommen. Als Beispiel dafür sei das Gedicht *lichtung* angeführt, welches aus dem Vor-Wort »richtung« entwickelt wird, wobei die Vertauschung der Liquida (r/l) durchweg konstitutiv bleibt und schließlich – als »Verwechslung«, als »Irrtum« – auch in die Aussageebene des Textes eingeht:

manche meinen
lechts und rinks
kann man nicht
velwechsern.
werch ein illtum!

In den *Sprechblasen* differenziert Jandl dieses Prozedere auf mannigfache Weise, zum Beispiel dadurch, daß er die Buchstaben *d* und *b* nicht nur als Laute versetzt, sondern sie auch in ihrer graphischen Gestalt verändert, indem er sie auf den Kopf stellt und sie zugleich um ihre eigene Achse dreht (aus *d* wird also »p«, aus *b* wird »q« – und umgekehrt). Der einfache Aussagesatz, wonach »der Hund bellt, wedelt, pißt und schnuppert«, ergibt folglich ein ver-rücktes Textgebilde, dessen Poetizität gerade darin besteht, daß in ihm »Hündisches« nicht bloß besprochen wird; daß es vielmehr sich selbst in einem Idiom ausspricht, das man – Lewis Carrolls »Hundesprache« sei hier, zum Vergleich, in Erinnerung gerufen – durchaus als »hünpisch« bezeichnen kann:

per hunp
qellt
wepelt
dißt
unp
schnuddert.

Demgegenüber erbringt etwa die Buchstabenversetzung b/h, von Jandl in einem umfänglichen Text auf diverse österreichische Bundesanstalten appliziert und zur »hundeshymne« verfremdet, nicht viel mehr als eine Reihe von Kalauern in alphabetischer Reihenfolge:

... hundesbahnen
hundesdenkmalamt
hundesforste
hundesgebäudeverwaltung
hundesgewerbeschulen
hundesgremien
hundesheer ...

Eine andere Horizontalübersetzung wiederum (»mann & frau«), die zu zweisilbigen weiblichen Substantiven mit den Halbvokalen ü, ö, ä im Stammbereich jeweils eine einsilbige männliche Entsprechung bildet, vermag auf geradezu schwindelerregende Weise darzutun, wie durch minimale Verschiebungen auf der Wortebene der Wortlaut von der konventionellen Wortbedeutung abgekoppelt werden kann: »der blut / die blüte // der bruck / die brücke // der buhn / die bühne . . . der tuck / die tücke // der tut / die tüte // der wust / die wüste«.

Einen Schritt weiter – von der mechanischen Phonemverschiebung zur rein anagrammatischen Wortkunst – geht Peter Huckauf mit seinen *lautraits* (1981). Die von der Kritik kaum beachtete Publikation dokumentiert das unter deutschsprachigen Autoren eher seltene Bestreben, Poesie als ein ausschließlich sprachliches Verfahren vorzuführen; man vergleiche Huckaufs anagrammierten Text »weiden«:

> die winde den weiden in eden
> die den wenden
> die den ideen in indien dienen
> die neid nie dein nennen wie
> die einen in wien
> denen eine windin
> weinende neineide in eine innendiene deind
>
> ei neide wende ende nie
> nenne eine niedwinne die deine
> denn wenn didi neddew weddi innd
> newd dinni neinin windei in dennewie.

Für Huckauf ist die Sprache nicht das Material, sondern das Medium der Dichtung; und auch das Gegenteil ist hier richtig – daß die Dichtung ihrerseits zum Medium der

Sprache werden kann, sofern es dem Autor gelingt, sein künstlerisches Wollen mit dem Eigenwillen der Sprache in Übereinstimmung zu bringen. Auch in diesem Sinn erweist sich dichterische Arbeit als eine Übersetzungsaufgabe.

Immer wieder – stets *von neuem* – muß die Sprache aus und in sich selbst übersetzt werden, bis sie zuletzt ihrer utilitären (zugunsten der ästhetischen) Funktion gänzlich enthoben ist und ihr eigentlich Sprachliches freigibt: das Poetische.

Michel Leiris
GLOSSAR – GROSSE WORTSCHAR (Auszüge)

Aus dem Französischen von Felix Philipp Ingold

Abgebrüht	angerührt (wie's gebührt, aber verfrüht): verführt.
Abgrund	Grabschlund; Mundafter.
Abschied	sie schiebt mich ab (das alte Lied): *shit*!
Absolut	tu so, als ob!
Abstieg	gib den Ast: als Stab!
Achseln	ach laß die Lehne; auf Achse: nach Sachsen!
Akademie	gemiedene Kader.
Amen	am Ende nachahmen? den Namen ahnen!
Arsch	(scharf? rasch!)
Augen	Gaue! geh schauen!
Aurelia	rauhe Ahle, aua!
Barock	Bock und Rabe; Araberchor; bar aller Borke; Barbar ohne Rock.
Barrikade	irr der Krieg: ade, barbarische Scharade!
Begierde	ein Berg gebiert sie; geh! gib!
Blau	Laub (auf bleierner Au).
Bolschewismus	Wissen schwebt, Lob wischt es weg.
Bordell	Ort, wo rote Lederroben überborden.
Chaos	so? ach!
Dämon	Mondmädchen.
Definieren	fidel: nie irren!
Delirium	lädiert Ideen, liebt herumzuirren.
Demiurg	der gurrt wie irr (gut, daß Gott murrt!)
Demoralisiert	(wem die orale Gier versiegt).

Diamant wie am Band: nichts als Tand!
Elefant ihm fehlt die Hand, die Elfen bannt.
Energie nährt gern Industrie; und wie!
Erzbischof wisch er Zofe.
Ewig ehelich? ich? abwegig!
Familie viel infame Liebe.
Faschismus ist ein falsches Muß.
Feige geile Fuge.
Feldzug für Geld gut.
Feuer eure treue Fee: Reue.
Flasche falsch! (laß...)
Frühling in Gefühlsdingen führend.
Funken sieh die Kufen!
Geboren werden geborgen auf Erden! wer denn?
Gefahr feg den Weg: die Gaffer weg!
Gehweg geh weg aus dem Gehege!
Genuß Sehnsucht genug: zu Fuß gehn.
Gestirn steht hinterm First.
Gleichgewicht leicht vom Gesicht zu lesen: gleicht sich selbst.
Henker der Herr lenkt (verkehrt, verrenkt) das Denken.
Human (was tut man?) man muht!
Idol Idee im Lot.
Jäh von jeher weh.
Kappe (begabt? gekappt! packt, geht ab...)
Kentauer kennt Männer genauer; er kauert: mehr Tier denn Mensch; mit Ausdauer pennt er; den Frauen schenkt er Vertrauen.
Kette (Tee? geh zur Theke!)
Korridor irrer Ort (wie das Ohr): Rohr.
Korsar wo war Rosas Sarg? wo Sarahs Rock?

Krater	Verrat an der Erde? oder (alternativ) Kraftader?
Kristalle	Stiel oder Kralle? aber geh: Lack statt Stil!
Leichnam	am leichtesten im Teich; namenlos und bleich; die Felchen nahmen ihn zum Laichen.
Lippen	liebend nippen.
Literatur	ein Lied? erraten: in Dur!
Maldoror	alter Tor, mal vor Ort!
Märchen	den Mächten wehrt, was lange währt: mehr Gerechte!
Musik	Sieg der Muse: mieser Kuß.
Mythologie	mit Lügen um Logik bemüht.
Nabel	nah am Leben: Abel...
Nacktheit	ein Akt von Eitelkeit.
Neurose	so 'ne Reue.
Nomade	Monade.
Osten	so testen, daß es tost! los!
Ozean	na, Zoé? Noahs Bahn!
Pandora	Dorn am Nordrand: bannt Orakel.
Paradies	dies Paar...
Pferd	es verkehrt auf bewährter Fährte.
Schlafen	statt Flaschen (falls schlaff und lasch: falsches Fallen...)
Silbe	lies: liebe sie (Ilsebill! Sybille!)
Sommer	mehr Moos.
Spiel	liebstes Ziel (wer vieles will).
Sprache	Arche (spart, was der Rachen barg!)
Trauer	trauter Raum? rauher Traum!
Trümmer	Türen für immer.
Verbannung	bangt wer um Beratung, kann er Verrat haben.

Weise	weh? iß! – wer weiß, ist weis.
Werden	wer denn? Erdenweh...
Widerspruch	geht wieder durchs Buch: wie der Bruch.
Winter	wider das Werden: mindert die Winde! hindert Gewitter!
Wrack	ragt aus dem Schlick: arg.
Wunde	Befund: tut weh; »W« und »e«.
Zeit	seit Ewigkeit ungeteilt: der Eile geweiht.
Zeitalter	weiter! (bald eilt's!)
Zentrum	dort endet der Sturm; Mund zu!
Zukunft	Zunftgut.

Michel Leiris
Glossaire j'y serre mes gloses
(Auszüge)

A

ABÎME – vie secrète des amibes.
ABONDANCE (non-sens, sans l'abandon.)
ABRUPT – âpre et brut.
ABRUTI, abrité.
ABSENCE – espace vacant, d'un banc de sable qui s'en va...
ABSOLU – base unique : sol aboli.
ACADÉMIE – macadam pour les mites.
ACCALMIE – lame de mica tranquille.
ACCIDENT – phénomène en dents de scie (la scie est l'axe).
ACCOUPLEMENT – poulpe d'amants, en coupe.
ACROBATE – embarqué de bas en haut, de haut en bas, il bat du corps et baratte l'air sans accrocs.
ACTE, attaque.
AGONIE – je divague, j'affirme et je nie tour à tour, honni par l'âge qui m'est une dague.
AIGLE – angle d'ailes.
AIR (sais-je flairer ses raies légères?)
AISSELLES – les aimer, y essaimer...

ALCOOL (les deux O haussent le col; ils s'allègent. L'eau claque.)

ALCÔVE – elle couve.

ALGÈBRE – abrégé agile des givres cérébraux.

ALPAGE – page blanche du pré qu'un troupeau lape.

ALPHABET – l'étal des lettres, pas affublé de falbalas.

ALVÉOLE – vallée close, que nul fleuve n'a lavée.

AMBIGU – entre l'ambre et la ciguë.

AMBIVALENCE – les envies en balance.

AMEN, âme-mène.

AMENUISER – aiguiser, affiner, jusqu'à l'inanimé.

AMERTUME – la mer s'abreuve d'écume. Je hume la mer.

AMOUR, armure.

ANAGRAMME – arène, gamme, rame; mare de marges et de ramages.

ANCÊTRES – leurs crânes sont les ancres et le centre des aîtres.

ANGOISSE – hangar poisseux, foisonnant de cent engins pour étrangler.

ANIMAL – laminoir mâle, Nil femelle : Himalaya ou maladie?

ANNEAU (l'ennui pend à nos naseaux.)

ANNIHILÉ – annulé, par le néant inhalé.

ANTHROPOLOGIE, en tripes au logis.

ANTINOMIE : la tentation homicide qui tyrannise les amants.

ANTIQUITÉ – temps inquiétant quitté, que hantaient les Titans.

ANUS – nuque basse, creuse...

APPARAÎTRE, à part être.

APPARENCE – forme happée par la présence.

AQUARIUM – square humide des requiems.

ARC-EN-CIEL – lac essentiel, et fil d'archal...

ARCHE – herse arrachée, pour les chars.
ARCHEVÊQUE – rat revêche.
ARCHÉE, archet.
ARGUMENT – arme urgente, contre les égarements d'Argus hagard.
ARMÉE – merde amère.
ARMOIRE – malle de rois mages, garnie de miroirs rares.
ARMURE – ramure de larmes pétrifiées.
ARTÈRES – lézardes et cratères.
ASSASSIN – saint que le sang rassasie.
ASSASSINAT – sinapisme lancinant, assainissant le Sinaï.
ASSIETTE – la disette y fait place à la satiété.
ASTRE – trace d'âtre.
ATHÉISME – état de l'athlète sans étai. Théâtre de séismes.
ATMOSPHÈRE – la fosse de l'air maussade, l'assomme-terre.
ATTRIBUT – trahit les habitudes du substrat nu.
AUBÉPINE – épi béni de l'aube, ô belle pine!
AURÉLIA, Or il y a.
AURÉOLE – aérolithe; corolle du héros, du lauréat.
AUTHENTIQUE – tous tics ôtés, le restant.
AUTOMNE – tonneau pluvieux.
AVENIR = navire.
AVENTURE – les mâtures aveugles sont avides de vent.
AVEUGLE – la vue avare le jugule.
AXIOME – miasme fixe, maudit arôme...
AZUR – pur de toute bavure, une embrasure.

B

BAGNE – bât de géhenne.

BAISER = braise.

BALANCE (la mienne recense la substance verbale.)

BAROQUE – rocailleux et bariolé.

BARRICADE – radeau de briques cariées, bric-à-brac, arrimé pour la bagarre.

BATAILLE – abattage d'humain bétail.

BEAU – lobe sans aubier, écorce ni liber.

BELLIQUEUX (celui qui l'est, que n'est-il rien que belle cible de quolibets...)

BIJOUX – bougies des chairs, hiboux cloués, ô joues si douces!

BLANC – plan pur : ni long ni large, ni rapide ni lent.

BLASPHÈME – emblème des sphères lasses. Sème du sable dans l'abîme.

BLESSURE – fissure brûlée de sel, que rien ne lubréfie.

BLEU – le blé des yeux, que le ciel passe au crible.

BOLCHEVISME – belle vis, et meule des molles chenilles...

BOLIDES – balles solides qui lapident les lobes du vide.

BONHEUR – anémone de beurre...

BORDEL – la robe des corps déborde, broderie délicate.

BORNE – tout orbe est annulé.

BOUCHE – souche du goût, chemin des mots et du baiser.

BOURGEOISIE – gouge moisie.

BOURREAU – beau rouge.

BOUSSOLE – luciole bouleversée et clouée par le pétiole des pôles (qui troue la boule du sol).

BOUTEILLE – il y bout un moût d'abeilles...

BRAS – branches de l'arbre de vie.

BRUINE – elle burine l'air.

BRUN – crin revêche du terrain brut.

TRUGBILDER

Für André Masson, der zu den Texten Lithographien schuf

... Von einem Ort zum anderen, ohne Zwischenraum
Raymond Lulle

Staub des Todeskampfs

hervorgebrochen ein Mensch

bestialische Lampe

umwirbelt vom arglosen Aufruhr des Geheimnisses

Firn der Sonnenfinsternis auf dem Gesicht

Grat der Jahrhunderte, dem Gemäuer
auf dem Grenzland der Pflanzen der Schwelle entströmt,
rinnt als weißes Bruchwerk herab, Grausamkeit zu
gebären.

Gewaltige Palette von Magma steckt die Runde der
Waagschalen in Brand
und gärt, ein wirrer Lauf, im Zirkel der Stürme.
Die Standuhr der Blätter stammelt
(trunkene Einsamkeit),
verzaubert das starre Erblühen der Erscheinungen,
hüllt in Binden den bröckelnden Tod, den das Messer
zerfleischte.

Jenseits der Schattenlinien der Geißel
lehnen sich
die phosphoreszierenden Dornen meiner Glieder auf:
äußerste Schichtung der Vogelstürme.

REGLOSER ZAUBER

Wurzelstock des Geschmacks
dringt hinab in die Stätten des Raumes,
durchquert den flaumigen Windstoß,
Fliese federleicht.

Die taube Spur vergeht
steigt auf aus behenden Mythen (neuen Augäpfeln),
die Windstille schweift um die Urnebel,

lichte Kuppel, darin die Rolle der Statuen schwimmt
verwandelt in steingehauene Harnische
Zeichen der Mäander aus Pflanzen und des Takelwerks
der Ewigkeit.

Räderwerk der rasch vergangenen Gebärden
über die die dunkle Kraft der Zwischenwände herrscht,
es löscht das lächerliche Spiel,
das arge Zifferblatt der Eingeweide.

Das Rad der Schriften streift den Rausch der Landschaften
(Schlacht der Ernten).
Die unterirdischen Bilder paaren sich mit den Echos,
sprengen die Ketten des Morgens:

letzte Fährte der zeitlichen Gerüchte in den Tälern der Geschöpfe,
ruhige Rinde, wenn das Heu geerntet wird.

FINTE

Die Fransen des Windes werfen ihre Schleuder
unter den Anger von einst
durchschlagen mühelos die Zielscheibe,
erfassen das Schweißtuch der Stimmen.
Das verfemte Kielwasser des groben Sandes,
eine schwarze Achse, erwidert den Beschuß,
entsendet wirkungslosen Schlamm.

Trocknet den ekstatischen Atem auf den stürmischen
  Zungen,
in der Wüste vernichteter Ähnlichkeit,
die in sich die klaffende Schmach der Flüsse
und der Sternbilder birgt.

Ruhiges Geäder des Szepters
mischt sich schwer
ins Netz der Samenquellen.
Erdachte Höhlung, der Klostergang umschließt
das Kreuz des Hemisphärenpochens,
verborgenes Siegel.
Morgendlicher Schiffbruch der Stürze,
Eisbank unerschrockener Bedrängnisse,
die Luftspalten in den Raum einmeißeln,
bald ausgezehrt vom einförmigen Fruchtfleisch der
Formen,
Wunde, die das Grab gewoben,
Blüte der Gestalten,
der Rosenkranz der Ziffern nährt den Faden der Gewebe,
als Schattenzauberbuch (tödliches Naß)
zermalmt den Blitz aus festem Stoff.

LETZTE ZUCKUNG

Kalte Streifen höhlen langsam
die Schale des reifen Gestades.
Das gleich verteilte Los des Strandguts schwingt
zwischen den Fingerrudern hin und her.

Müßige Sonde,
sie untergräbt den geschmälerten Abdruck der eisernen
 Lanzen,
Sprung aus Finsternis,
mäht den Schnee des Hier und Jetzt,
die lange Piste, auf ewig an den Blick gehängt

wenn die eingefangenen Knochen
die Leiter des Schweigens aufrichten.

Des Tagesanfangs Phalanx hißt das Hindernis des Haars,
Intarsien des von Gebeinen unberührten Lichts,
die Wolken umkreisen den Schmelztiegel
über den Ablagerungen, die die Sintflut versteinerte.
Behäbig schwebt der Ritus, der Komplize der Worte,
erweckt die Urnahtstelle zu neuem Leben, die unter der
Zukunft versunken war,

Asche, die Wurzeln im Erdreich zu fesseln.
Die zersetzten Knorpel drängen herein wie verbrecherische Raketen
im heiseren Geleitzug der Desaster,
behutsam steigen sie auf ins Kielwasser des wohlgesonnenen Nichts,
schillernde Flocken der Aussaat, geplündert durch die
Bisse von einst,
zartes, grenzenloses Vorzeichen der Flammen:
helle klare Lepra.

UNBERÜHRBARE PLANETENBAHN

Flug in der Tiefe des Erdreichs,
zerbrochen die unzerteilbare Schale des Brunnens,
bestätigt den wesentlichen Bereich,
brandmarkt das Glutgeschwätz,
huscht über den Schaum der Reue.

Wellenförmig ziehen die Glossen vorbei,
ihr Zug säumt die Algen,
einen Boden aus fleischlosem empfindsamem Bedauern,
die spitze Spindel der Konjekturen
tritt hervor
im Kerker der Metamorphosen,

sich sträubende Schranke.

Jenseits des Lachens der getäfelten Kulissen
zerbersten die Wirbel des Bottichs.
Es zerbröckelt das abgestandene Salz,
wird Fleisch auf den Lippen des Winters.
Entblößtes Band,
der Schlüssel des Schultertuchs nagt an der Schlucht der
hervorbrechenden Ströme,
in der das Abenteuer der Schatten ruht.

Verkohltes Holzscheit, sein Beutegang
lichtet den Wirbelsturm der Lüge,
zerfleischt die Fülle der Spaltung,
den einförmigen Schraubstock der Vliese,
reitet auf der funkelnden Zone des Gipfels.

INTERVALL IM EXIL

Langer Schlaf des Glanzes,
der sich dem lebendigen Bogen entwand,

fern dem Blickfeld der Sprache
labt sich das Reich der Gerippe
am stummen Nest des Rätsels.

Brückenbögen der Dünung,
es sammeln die Münder sich, die die Fata Morgana
entwarf,
auf den Graten der Geburt.

Ruhe der geblendeten Breschen,
es regen sich die geronnenen Splitter der Leere,
zerstreuen den Doppelschluß.

Sockel der Zahl,
schwellt den Weihrauch der Lava,
befruchtet den Halm der Bitternis
und die Weiße der Seen aus Fleisch und Wahn.

UNANGEFOCHTENE FLUCHT

Erwachen der geheimen Hände
in den Windungen des raschen Muts,
die leibhaftige Flugbahn der Urnen bäumt sich auf,
Sinn, der sich über den Abgrund krümmt.

Unverkennbar der Rückzug,
er rüttelt am unstet flüchtigen Thron,

einer endlosen Schwelle von Kronen, die das völlig
Unverhüllte streifen.

Tarot-Karte »Die Zerstörung«

GROSSE SCHNEEFLUCHT

Für Robert Desnos

Als ich im Jahre 1934 in den Cahiers du Sud *diesen damals mehr als sieben Jahre alten Text veröffentlichte, habe ich ihn Robert Desnos gewidmet, meinem Gefährten aus surrealistischen Tagen und späterem Mitdissidenten. In der Tat steht ihm mit gutem Recht die große Fuge*[1] *zu, in der ich, seinem Beispiel folgend, den Versuch unternahm, sprachliche Kräfte gezielt zur Erschaffung einer Art von Mythos zu gebrauchen und zu mißbrauchen. In diesem Fall: der märchenhaften Verwandlung einer* novillada *ohne Picadores, die an einem Sonntag im August des Jahres 1926 in der römischen Arena von Fréjus veranstaltet worden war.*

Dieser Stierkampf, der erste, den ich gesehen habe, war ein schreckliches Blutbad gewesen. Dennoch war ich dadurch nicht im mindesten angeekelt, sondern gespannt darauf, einmal auch ein Schauspiel zu erleben, in dem der Tod des Tieres nicht mehr verhöhnt, sondern auf die ihm angemessene Ebene des Opfers oder der Tragödie erhoben würde. Und so machte ich mich fast unmittelbar danach an die Schilderung des wüsten Mummenschanzes, dessen trotz allem betörter Zeuge ich gewesen war.

Die Ironie, der getragene Tonfall, die hamletischen Gebärden, die Kalauer und die vorgetäuschte Gelehrsamkeit, Requisiten jener fiesta, *die ich mir beim Schreiben dieser Seiten bereitete, sie bilden zugleich die Hebel, deren ich mich bediente, um meine Imagination in Schwung zu ver-*

1 *fugue* bedeutet außerdem »Seitensprung« und »Flucht«, insbesondere die von jugendlichen Ausreißern.

setzen und die Poesie walten zu lassen, dergestalt wenigstens, wie sie sich in jener Zeit meinen Augen darbot: als große Schneeschmelze[2]*, als Eisgang oder Rückzug des Schnees und als großes nächtliches Fest, sich den logischen Zwängen widersetzend wie die Gaukeleien des Traums der Armseligkeit des Alltags.*

In diesem geplanten Chaos finden sich, neben Spuren meiner Tageslektüre (so etwa der Kritik der reinen Vernunft, *die ich offen gestanden nie zu Ende gelesen habe) und autobiographischen Bruchstücken (wie der kindlichen Vorstellung, die Seele habe die Gestalt einer „nebligen Fläche", eine Erinnerung, die ich in* Mannesalter *wieder aufgreifen würde), bestimmte situationsbedingte Einzelheiten wieder: So hatten Picasso und noch andere Zuschauer verschiedener Nationalität mit mir zusammen jenem Stierkampf beigewohnt, und ich übertrug diesen Kosmopolitismus auf das übrige Publikum, das in Wirklichkeit aus Sommerfrischlern und Provinzlern bestand, für mich jedoch zum repräsentativen Modell der ganzen Menschheit wurde, so wie sich das Geschehen zum Weltende oder zum Jüngsten Gericht verwandelte.*

Wenn ich nun diese Jugendschrift, so zaudernd sie wirken mag und so lächerlich, gemessen am Ehrgeiz, der mich beflügelte, als Buch vorlege, so bedeutet dies, daß ich mich nach vielen Umwegen heute gerne wieder der – unvermeidlich aussichtslosen – Poesie zuwenden würde, wie vielleicht der Stier auf seine heimatlichen Weidegründe zurückkehren möchte.

Frühjahr 1964

2 Die Verschränkung aus *fonte des neiges* (Schneeschmelze) und *fuite* (Flucht, rasches Vergehen, Schwund, Ausströmen, Auslaufen) mündet in den Titel: *Grande fuite de neige*.

Ich lausche dem Lärm der Jahreszeiten, ihrem gleichmäßigen Hammerschlag, und alles ist in der Schwebe. Ein Tag wie jeder andere härtet das wattige Geschehen, und mein Geist läßt, dem zarten Gewebe langer Vorhänge gleich, lautlos seine Falten auf den samtenen Boden des Mysteriums sinken, den sie leicht berühren. Ein arglistiger Zauber verstellt mir den Blick: Ich weiß, ich darf ihm nicht trauen, indes, wie grauenhaft wären meine Pupillen, gäbe ich ihnen nicht die Farben dieses Schauspiels – der düsteren Bewegung jener Wattewolken, auf denen sich die Zukunft als Blutgeflecht abzeichnet, während alles Vergangene wie ein kümmerlicher Regenschauer in das gewundene Rinnsal des Todes fällt, das an den Mauern seines Abflußschachtes widerhallt!

Ich denke an jene Männer, die das Leben zu bändigen wußten. Sie ziehen, farbigen Steinen gleich, an mir vorüber, und auf jeder Facette des Kristalls ihrer Seele sehe ich ein Wort geschrieben, eine mit Sinn beladene Vokabel, die ihre eigene Substanz mit sich führt, wie es die Flüsse tun, wenn sie, hochflutend, es überdrüssig sind, Kadaver und irgendwelche Trümmer mitzuschwemmen, und sich daranmachen, Eisschollen zu prägen, um dergestalt ihre lebendigste und gedrängteste Realität zu den weiten Mündungen hinauszutragen, die sich als Signalhörner zum Meer des Todes hin öffnen, einem Meer, salziger als das Tote Meer...

Ich kenne den Wert dieser Reisen nicht, weiß nicht einmal, ob irgendein Sinn mit ihrem Ziel verbunden ist. Einzig ihr unergündlicher Sog zieht mich an, ungeachtet jeglicher Richtung. Wenn die Hämmer nicht verstummen und der furchtbare Lärm beharrlich die sich überlagernden Kreise der Luft um mein Gehör schwingen läßt, so ist's, weil ein Orakel, Eckstein meines Schicksals, sie für immer an mich gebunden hat.

Glühende Ruinen reckten ihre Glieder in den Himmel, als ein hagerer Berg, geschwängert vom Schweiß der Vulkane, mich zur Welt brachte. Ich wurde geboren inmitten kochender Lava, und meine Ammen waren Steine, deren runzlige Brust gut zu meiner Vorliebe für das Starre paßte. Ich bin ein Sohn der Steine; wie diese bin ich hart und brüchig, weshalb man gemeinhin sagt, ich hätte kein Herz. Kein Herz und keinen Mut! und so bin ich für alle Zeit zur schrecklichen Ungewißheit des Treibsands verurteilt, der in Bewegung ist gleich vergänglichen Statuen der Tücke, die sich unter den Händen derer, die sie geformt, stets wieder auflösen.

Ich schaue, ich höre, ich berühre und ich spüre, mit meinen Sinnen, die ich gern mit Gemäuer (oder mit Quellen) vergleiche, um das mineralische Wesen ihrer Abkunft zu betonen, und dennoch bin ich wie ein Toter oder vielmehr wie jemand, der nie geboren werden sollte. Ich verehre die Frische der Flüsse, ich liebe den Rausch der Bäume und die Pein der Gezeiten, wenn das Universum zu einer schrecklichen Süße wird, zu einem Zauber, der sich selbst verhext, einem Degen aus Metall, das der Hand schmeichelt, sieht man von seiner Schneide ab. Es gibt Gestirne, die mich mehr verlocken als Frauen; ich möchte sie pflücken und mich verstecken, um sie im verborgenen zu verschlingen; sie würden meinen Mund versengen, und ihr Geschmack, an den Genuß des Frevels erinnernd, wäre die wahre Frucht meiner Lippen. Mit

Tieren würde ich gern jonglieren, den Eisbären in den Regenwald des Amazonas schicken, die rote Ameise bis hinauf zum Großen Bären werfen, das Raubtier vorsichtig zwischen Daumen und Zeigefinger halten und dann tief in die Erde drücken, um es vermodern zu lassen im Königreich der Maulwürfe. Für mich jedoch sind das alles nur abstrakte Freuden. Ich weiß wohl, daß ich stets sein werde wie der Stein, stumm wie dieser und wie dieser unbewegt, da die langsamen Verwandlungen meines *Innern* bei denen, die die *Ewigkeit*[3] zum Pfeiler haben, nicht das geringste Echo finden.

Nun aber will ich einen Brief schreiben und mich dabei des Singsangs befleißigen, der wahrhaftig der mir heute angemessne scheint, einen Brief, den ich durch den Kondor der Anden überbringen lassen werde, wenn er wie gewöhnlich angeflogen kommt, die Sternenkörner zu picken, mit denen ich meine Teppiche übersäe:

Mein lieber Apollonius,

die Chrysalide des Absoluten hat sich soeben geöffnet, dem Drängen zweier weißer Beine weichend: Raum und Zeit. Die beiden Beine haben sich voneinander gespreizt in zwei lotrecht zueinander laufenden Richtungen, und auf der Stelle erblickte ich das Licht der Welt: Mein Leben schoß hervor wie ein Blitz im rechten Winkel des Geschlechts und suchte sich alsbald seinen Weg entlang der Halbierungslinie.

Für die Mutter besteht wenig Hoffnung, doch die Dinge werden ihr eigenes Leben leben und eine seltsame Sprache

3 Wortspiel aus *internité* und *éternité*

annehmen, deren jede Silbe einem Teilchen ihrer Substanz entsprechen wird. So werden wir den Geschmack der Liebe haben, die metaphysische Architektur der Wirbel und die Säule aus Knochen und Blut, Schweißgrenze der nackten Ideen.

Ich werde weiter wie gewohnt die Merkzeichen aufzählen, die Probiersteine, mit deren Hilfe sich die empfindlichen Nerven meines Gehirns unterscheiden lassen, und zwar:

eine hohle Metaphysik, von der ich keine Silbe verstehe (welcher Diamant wird das Faß zum Überlaufen bringen?);

einen Kelch, den ich unverdrossen bis zur Neige leere;

einen falschen Glauben an die Zauberkraft des Zorns;

und vor allen Dingen ein großes Verlangen danach, mich mit Worten zu belohnen.

Doch die Berge werden aufhören, vor meinen Augen ihre alten Schneesperren zu errichten, aus denen Phantome hervortreten...

Alles Gute!

XXX

Nun, da der Brief geschrieben ist, braucht er nur noch vergessen zu werden, denn ich habe große Eile, zu anderen Wirklichkeiten zu gelangen, wesenhafteren, als es all die Hirngespinste sind, die ich über mich zu erzählen pflege, Hirngespinste, mit denen ich so gern mein Spiel treibe und die ich mit so großem Vergnügen drehe und wende, daß ich sie eher *Murmeln*[4] nennen müßte.

4 Wortspiel aus *billevesées* (Hirngespinste) und *billesversées* (Murmeln)

Ich muß also mein Bündel schnüren und diese Kloake im Zentrum meiner selbst verlassen, um an die Peripherie zu gelangen, den schönen geschlossenen Bogen, an dem die Dinge aufgereiht sind und der mein Universum in allen Stücken der Place Vendôme vergleichbar macht; Gebäude sehe ich dort, im Kreis um mich versammelt, mich, die sinnlose Säule.

Doch vor dem Aufbruch aus dem Refugium in meiner Mitte muß ich noch ein Lied singen:

LIED VOM TRÜBSINN BEI KAP HOORN[5]

CHANSON DU CAFARD N'A HOMME

Mât 2 mois zèle: jeune nœud c'est, si jeu d'oie
voue dear
que j'œuf fou sème haie queue gens meurent
Vosges ô Lisieux meuh, son si d'où?
caveau (jeûne ou gelée) simple or
île me font mon thé rose yeux
sec homme d'eux bêle scie-rondelles
Mab hyène Emmy cheveux mous rire
m'Houri-re d'âme, hourre poor vous! (bis)

Bereit zum Aufbruch bin ich nun, und eh noch das Gestrüpp der Nacht seine klebrigen Tentakel nach den am stärksten geschwundenen Büscheln unsrer Haare ausgestreckt hat, werde ich, auf meinem unaufhaltsamen und schicksalhaften Flug, die verwunschne Umlaufbahn erreicht haben, den schönen Umkreis, auf dem die Farben entstehen!

5 Scherzgedicht in individueller Transkription nach dem klassischen Prinzip der Paronomasie, das im Deutschen nicht wiederzugeben ist. Klartext:

CHANSON DU CAPHARNAÜM

Mademoiselle, je na sais si je dois vous dire
que je vous aime et que j'en meurs.
Vos jolis yeux me sont si doux
qu'à vos genoux je les implore,
ils me font monter au ciel,
c'est comme deux belles hirondelles.
Ma bien-aimée, je veux mourir,
mourir d'amour pour vous.

An diesem Tag hatten Noumena und Phänomena sich ein Stelldichein gegeben. Die ersteren waren an ihrer Blässe zu erkennen. Die letzteren hatten sich für diese Gelegenheit als Orangenhändler verkleidet, als besiegte Offiziere, als kleine Leute und als Polizisten. Einer davon wirbelte einen großen Säbel durch die Luft und bot jedem Zuschauer einen seiner Orden an, im Tausch gegen eine Uhr oder eine Handvoll Hostien.Die stinkendsten Greise und die verfaultesten Frauen hatten sich in die erste Reihe geschlichen; in der Hand trugen sie ihre Köpfe in Sparbüchsenform[6] und lächelten jedesmal einfältig, wenn ein Idiot (neununddreißig Millionen von dieser Sorte gibt es in Frankreich) in den Schlitz ihrer zylindischen Dose eine alte Blechmarke steckte, einen Chip im Exil, weitab von einem verblichenen grünen Spieltisch, oder auch eine antike römische Münze mit dem schlauen Profil eines Kaisers.

Die Noumena hielten sich, voller Verachtung für dies gemeine Volk, in gebührender Entfernung; sie steckten in Trauerkleidern, die sie seit ihrem philosophischen Tod trugen, und waren groß und traurig wie alte Bilder, unsichtbar für die niederträchtige Meute der Zuschauer. Ihre schmächtigen, hageren Glieder waren von den Falten ihrer wächsernen Roben nicht zu unterscheiden und die Gesichter so abgezehrt, daß sie die Luft mit Lanzenspitzen bevölkerten, weshalb man sich trotz der Hitze in

6 *tirelire* hat die Nebenbedeutung des umgangssprachlichen »Birne« oder »Rübe« für »Kopf«.

den tiefsten Winter versetzt glaubte, in die metaphysische Reinheit eines schneidenden Nordwinds.

Ein Schwarm von vielfarbigen Zetteln befleckte den Himmel, wie Schlachtfleisch, aus dem die Eingeweide quellen, mit Buchstaben gestempelt wie mit weißglühendem Brenneisen gebrandmarktes Vieh, und ihre gescheckte Herde verlockte die Zuschauer, in ihren Erinnerungen zu stöbern wie in inwendigem Ruß, um im schmutzigen Kamin ihrer Brust das kümmerliche Feuer der Neugier zu schüren.

Ein Stierkampf freilich war's, und außer den erbärmlichen Bürgern, bei denen die Ankündigung dieses Schauspiels die Asche unflätiger Erinnerungen emporwirbeln ließ (Kasernengeschichten, phallische Heldentaten oder Fetzen militärischen Ruhms), hatten sich die Bewohner der ganzen Welt erhoben:

Europa entfachte einen Staubsturm, als es seine Gala-Kleider ausbürstete, und Myriaden von Zylinderhüten beglänzten einander, so daß durch eine gegenseitige Überlagerung die einen matt wie Kohlenstücke schienen, die anderen blendender als Diamantzylinder;

die Eskimo schmolzen ungeheure Eiswürfel über der Glut von Feuern, die sie gelb färbten, indem sie Stücke von gepökeltem Seehund hineinwarfen, und tauschten das fade Wasser, das sie auf diese Weise gewannen, gegen die glühenden Früchte, welche die Neger der Tropen ernteten, die sie in Sturmnächten direkt vom Zenit herunterschüttelten;

die Gesten der Frauen von Port-Vendres und Manila waren fleischiger als Newtons Apfel, als sie große Schiffe entluden, deren Fracht fruchtgewordene Liebkosungen und Lächeln waren;

die Gebetsmühlen drehten sich schwindelerregend, tief im Innern der Klöster, die hoch oben auf den Gipfeln des Himalaya stehen, und ihre Drehbewegung vermengte sich mit dem Kreisen der Adler, welche nach Beute spähen in den Klüften der Alpen, und dem Wirbeln der Jahrmarktkarusselle aller Vorstädte, um die gemeinsame Achse dieser verschiedenen Erscheinungen von einem einzigen Beweggrund wie rasend geschleudert: der Leere, die tief ist wie das Nichts, Zentrum allen irdischen Handelns, ob es nun Wallungen sind, für immer vom Mystizismus umschlossen, die erbarmungslose, vom Instinkt beschriebene Kurve oder auch die entsetzliche Runde einer ausgelassenen Menge.

Einzig der Stier schlief – dabei hatte der Papst ex cathedra eine Segensbotschaft zur Weihe des Ganzen gesandt, und mehrere afrikanische Könige waren im Hafen von Marseille an Land gegangen, um dem Fest beizuwohnen, ausstaffiert mit Sklaven und Zigarren mit goldener Bauchbinde –, er allein schlief in der Tiefe eines schwarzen Raums, nicht wissend, daß er bald in die weite Heide gestoßen würde (von einigen verfaulten Planken umzäunt, aber gleichwohl so klar begrenzt wie die unveränderlichen Himmelsbahnen des Sonnensystems), noch vor dem Kampf besiegt durch die spitzen Stielaugen aller.

Doch es war kein gewöhnlicher Stier... Als Prometheus, da er das Feuer vom Himmel geraubt, an den Gipfel des Berges Kaukasus genagelt worden war, dem Pergament ähnelnd, das, von einem Filigran aus Blut gezeichnet, der Dolch einer Hexe an die Tür eines Hauses heftet, um dessen Bewohner durch die Übertragung des Schmerzes zu den schlimmsten Qualen zu verdammen, und als die Titanen nach ihrem Versuch (mit Hilfe welcher magischen Leitern?), den Giebel des Olymp zu erstürmen, in die lehmigen Sümpfe der Hölle zurückgestoßen worden waren – da schlossen all diese Männer, in ihrer Beharrlichkeit den Felsen ähnlich, sich ein in die Verliese ihres Seins und machten sich daran, die Götter, die sie im offenen Kampf nicht zu entthronen vermocht, durch geheime Zauberformeln zu besiegen. Durch Weissagungen belehrt, daß die Griechen, um sich Trojas zu bemächtigen, eines Tages ein großes hölzernes Pferd bauen und sich in seinen Flanken verbergen würden, ersannen sie einen ähnlichen Plan, um Jupiters und seiner Helfershelfer – alte Kommißhengste und vertrottelte Ordensträger – Herr zu werden, deren trielendes Joch sie allzu lange angewidert hatte. Sie verfielen auf die Idee, einen riesigen Stier aus gebackner Lava zu bilden. Alle Höllenmächte sollten sich im Fleisch des furchtbaren Tiers vereinen, und wenn es gelänge, das Ungetüm durch Verrat in den Olymp zu bringen, so brauchte nur ein Gott ganz leicht das Fellkleid der Bestie zu berühren, und sie würde zerbersten, Tempelbauten und Götter in Trümmer legend.

Diese mythologischen Abenteuer sind in der Urnensprache von einem römischen Thaumaturgen überliefert worden. Doch er sagt uns nicht, was mit dem Stier geschehen, noch, was aus dem Olymp geworden und was aus den Göttern. Wahrscheinlich ist das Tier nach dem Scheitern der Verschwörung ins düstere Verlies des Moders verbannt worden, wohin ihm die Titanen und die Götter wohl bald gefolgt sind.

Der Stier aber, dem es bestimmt war, an diesem Tage heißen Jubels in den Tod geschickt zu werden, unter den

Augen eines ganz und gar universalen Publikums, war gewiß ein direkter Nachkomme jenes vulkanischen Stiers, den die Titanen zu einem so reinen Los ausersehen hatten...

Dies zum Beweis: seine Hufe stellten so angemessen wie nur möglich die vier Elemente dar: Der eine war aus Luft, der andere aus Wasser, der dritte aus Erde, der vierte aus Feuer. Seine Spiralhörner, das eine im Gegensinn zum andern gewunden, waren die beiden Hälften der Welt: Materie und Wechsel. Sein Bauch hob und senkte sich, gleichwie Ebbe und Flut der Sternennebel, und die weißen und braunen Flecken seines Fells bildeten seltsame Konfigurationen, Sternenalgebra oder Schachbrett von Ideen. Rotes Blut von durchdringender Feuchte bewässerte die innerlichen Steppen des Tiers, und seine Zunge hing, weiß von Schaum, als Fahne der Leere vor der Ausfallpforte seiner Kehle, nah bei den Augen, finsteren Hellebardieren, die um Liebe pokerten, eh sie sich am Wein berauschten.

Man hatte die berühmtesten Matadore aufgerufen, gegen dies Tier zum Kampf anzutreten. Die namhaftesten Militärs (Meister auf dem Gebiet des Hinschlachtens) hatten sich verdingen wollen, doch man hatte sie abgewiesen, da ein Matador stets Künstler sein muß. Ein Kampf allererster Ordnung sollte es sein, und seine Organisatoren erhofften sich daraus Einnahmen, die alles bisher Dagewesene überträfen; daher war auch niemand erstaunt zu sehen, wie an Stelle der gewohnten Toreadores ein ganzer Haufen von geschickten Einfaltspinseln die Arena betrat, die, statt goldner Stickereien auf dem Kostüm, einen gleißenden Harnisch von Syllogismen trugen.

Doch ich entdecke, daß ich im Begriff bin, in eine allzu bequeme Allegorie abzugleiten. Der Stier ist doch, nicht wahr, die urwüchsige Kraft des Menschen, der Drang zum Erhabenen, der aus den dunklen Tiefen kommt, denen das Menschengeschlecht entsproß, dies Streben, das all die Pracht seines Schicksals erstrahlen läßt. Die mit Syllogismen gepanzerten Toreros – ihr guten Leute! –, die Logiker sind's mit dem Brett vor der Stirn, allzeit bereit, den heiligen Eifer (wie ihr's nennt) zu ersticken, ihn einzuzwängen in den tausend erniedrigenden Netzen ihrer Doktrinen. Was die Menge anlangt, so sind's die Menschen, Henker und Opfer zugleich, betrogene Betrüger, bestohlene Diebe, blinde Unschuldige oder hellsichtige Schurken . . . Freilich – dem ist nicht so.

Zum Beweis dafür hat sich, just in dem Augenblick, da ich diese Gedanken zu Ende gedacht, die Menge wie durch Zauberei aufgelöst und hat den Stier inmitten der versengten Arena geblendet zurückgelassen – vor ihm aufgepflanzt eine Schar etruskischer Magier, wohl zwölf an der Zahl, raffiniert als Toreadores geschminkt –, indes, in vierfachem Spalier gereiht, die Dinge an sich, wie schemenhafte Statuen auf ihren geheimnisvollen Thronen sitzend, ins Leere blicken

und eine endlose Herde schwarzer Schafe, deren Hirt schon in der Zukunft weilt,

durch Portale hindurchzieht,

den weißen Skeletten der Finsternisse.

Einst, als ich ein Kind war, stellte ich mir die Seele als eine neblige Fläche vor – in Form und Konsistenz an die Pfannkuchen der Mittfastenzeit oder auch an Windbeutel erinnernd (diese Wolkenbrote, die man als Vogelfutter zwischen die Gitterstäbe der Käfige steckt) –, eine Fläche, durchbohrt von einer langen stählernen Nadel und um diese Achse und an ihr entlang in einer unregelmäßigen Kreisbewegung und einer Parallelverschiebung rotierend. Von diesem Bild, das jede meiner Veranschaulichungen begleitete, dem *Cogito* Descartes' gleich, war ich fasziniert. Heute aber läßt es mich ungerührt, und ich habe nur noch Augen für den wundervollen Stier, den die Bewegungen der Capas in Bann halten; erstarrte Luftstöße sind sie.

Das zentrifugale Schlacht-Feld kreiste. Einige Kämpfer hielten sich an einer Stelle des äußeren Arenarunds auf, standen da, die Knie von der Capa aus gegerbter Haut geschützt, die sie vor sich herabhängen ließen wie eine soeben abgestreifte Toga, die ihnen bis zur Hüfte reichte, damit ihr Oberkörper größer schiene, ein Piedestal aus Leder. Der Stier stand an die Bande gedrängt, und die abgezirkelten Techniken der Toreros um ihn herum, ihre strategischen Positionen – sternförmige Figuren, die Zakken bald spitzwinklig, bald stumpf, die sich bisweilen von einem Rand der runden Arena zum andern hin verlagerten – verschleierten ebenso viele Versuche, die Quadratur des Kreises zu lösen. Eine Trompete, bitter wie der

Tod, erklang zart, und die Zigeuner, die in großer Ferne, in der andern Hemisphäre, vorüberzogen, erbebten, da sie wähnten, die Sphinx riefe sie mit trauriger Stimme über die Meere hinweg, einer Stimme, lächerlich dünn, gemessen am gewaltigen Volumen des symbolischen Ungeheuers, als wäre sie, vom Steinschlag der Jahrhunderte zermürbt, zum schwachen Laut eines Kinderweinens geschwunden, das nun aus der Tiefe der Jahrtausende heraufönte. Doch gilt es, in diese Felsspalte des Vergangenen mit Hilfe eines syntaktischen Seils noch einmal sich hinabgleiten zu lassen...

Einst, als die ältesten Vorfahren der Zigeuner, ich meine die Atlanten, noch über den Kontinent herrschten, aus dem sie geheimnisvolle Metalle bargen (das *Fluctuor*, eine Flüssigkeit mit der Eigenschaft, ihre eigenen Fluktuationen zu erzeugen, die sich, entsprechend der herrschenden Temperatur und deren verborgenem Sinn, zu oszillierenden Gebilden formten[7]; den *Onirolyth* oder Stein der Träume, dessen paillettierte Schuttmassen die ältesten Sedimente sind, die der Fluß Gravitation im Tal der Gravitäts-Bleiche abgelagert hat), da ähnelten ihre Paläste Stieren, auf deren Stirn die Rauchsäulen der Brandopfer, Hörnern gleich, gen Himmel stiegen. Alljährlich wurden Tausende von Mädchen und Knaben erdrosselt und verbrannt, damit ihr Blut das köstliche Fleisch der Substanz anreichere, deren flinke Schenkel unablässig in Bewegung waren wie Worte von Frauen.

7 Bei 100° ein weibliches Geschlecht; bei 0° einen Wald; bei −273° (dem absoluten Temperaturnullpunkt) einen Sarkophag.

Der Winter kam, seine Messerschmiede von Schnee im Gefolge, und als die Knuten des Windes die Bäume, die sie in ihrem Stahlwalzwerk veredelt hatten, nicht länger dem Martyrium unterwarfen, da kehrten die Farben wieder, brach der Frühling los wie der glühende Marmorbruch, der sich jäh auftut vor dem Fuß des Reisenden, und aus den schwefligen Eingeweiden der Erde stiegen die Geopferten hervor, die Stirn mit Schlangen bekränzt, und die Zunge zu verfluchendem Erz geworden. Ihre Verwünschungen erhoben sich in Gestalt mefitischer Wolken bis zu den Sternen, und die gefährlichsten Meteore verwüsteten das Land, einen Monat lang. Um die Himmel zu besänftigen, bedurfte es einer weiteren Opferung. Neue Opfer folgten nun den ersten, und die große Orgel des Geschreis schwoll von Jahr zu Jahr um immer noch blutigere Aufstände.

Doch allzu lange schon grub so das Reich der Atlanten sich sein Grab; unaufhaltsam mußte es zu Fall kommen, ausgelöscht von seiner eignen Grausamkeit. Und so wuchs der Balken der Schreie schließlich zu einer so furchtbaren Gewalt an, daß er eines Tages an die Sonne stieß (die schwarzen Flecken, die man heute auf diesem Gestirn erkennen kann, sind nichts anderes als die Spuren dieses Aufpralls, die Trümmer des verbrannten Balkens). Die verletzte Sonne forderte die Elemente auf, sie zu rächen. Eine Sintflut von Wasser und Feuer ging auf die Atlanten nieder, über Henker und Opfer gleichermaßen, und mit einem Mal sahen die Vögel, die am höchsten in die Lüfte fliegen, den gesamten Kontinent vibrieren, dann auf die Knie stürzen in den Ozean wie einen vom Blitz getroffenen Stier.

Nur wenige Atlanten überlebten, und von ihren Nachkommen kennen wir (außer jenen, die bisweilen im Kielwasser der Dampfer auftauchen, um den Passagieren Muscheln in Form gewundener Hörner zu verkaufen) nur die ominösen Volksstämme, welche die Ziegelbauten von Yukatan errichtet haben, und die Zigeuner, jene lebenden Räder, die durch die Welt ziehen mit ihren Musikinstrumenten, ihren Kindern und Tieren und die noch im Tarock die letzte Spur ihrer Herkunft aufweisen, das Blatt, das sie *Vom Blitz getroffener Turm* nennen.

Noch immer war der Kampf in der Arena nicht zu Ende, doch um seinen Ausgang vorherzusagen, bedurfte es keiner Anrufung der Sibylle, Tierbändigerin-der-Funkelnden-Schwarzen-Messen, auch nicht irgendeines Prospektors der Wahrsagerei. Der Stier, der in seiner Erschöpfung nichts von der aktiven Mathematik begriff, die sich um ihn her abspielte, machte sich zum Sterben schon bereit. Die Hirten der Berge begannen ihre Herden zusammenzutreiben und führten sie in den Stall, um sie vor den möglichen Folgen dieses Ereignisses zu schützen, und selbst die Moränen der Gletscher, stumme Grabplatten, die in Runenzeichen die Geschichte des ewigen Schnees schreiben, die erratischen Blöcke, die sich über den kalten und öden Gefilden erheben wie Menhire, von Narrenhand oder den ausladenden Gesten eines falschen Propheten umgestürzt, all diese Steine, Tieren ähnlich mit ihren metallischen Adern, angeschwollen vom Blut der Lunationen, sie folgten willig dem Hirten und mischten sich unter die Schafe.

Denn nun war der Stier dem Tode nahe. Unbeweglich stand er wie ein Fels aus undurchsichtigem Speichel und aus süßem Fleisch, gefangen in einem Mauerwerk des Schweigens, und sein Leib war durchbohrt von einem Sternbild aus Degenklingen. Im Schlepptau seines Halses, dem zwei Banderillas entsprangen, geschmückt mit Dingen von alltäglichem Nutzen, die nichts anderes waren als personifizierte Abstraktionen (Nähmaschine = Rache – Filzsohle = Vernunft – Blasebalg = Klarheit), schüttelte sein unmerklich zuckendes Fell die Klingen, die darin steckten wie geradlinige Strahlen gebleichten geronnenen Bluts oder wie jene starren leuchtenden Konkretionen, die man in die rechte Hand der Statuen des Jupiter legt, um den Blitz darzustellen. Im letzten Augenblick, als er brüllte, vielleicht im Wahn, sein Brüllen sei der Trompetenstoß, der das Jericho aus Nebel, das seinen Blick verschleierte, zum Einsturz brächte, da war unweit von Asien ein Kreis aus Gebeinen und tatarischen Oriflammen zu sehen, der in einer gefrorenen Ebene die Haut eines toten alten Esels überragte. In einem italienischen Dorf, auf einer Hügelkuppe gelegen, deren Schicksalslinien sich allmählich zu Schieferplättchen und Hausecken kristallisiert hatten, vollführte ein Affe Kunststücke, während Diebe herumrannten und die Fensterläden, Staubskelette der Sonne, im Wind schlugen. In Afrika zog eine Karawane vorüber, bot Huren feil, bürgerliche Ehren, das Pulver des Darmflötisten und den unfehlbaren Trick, um an der Börse zu gewinnen.

Dies alles aber verschwindet plötzlich im Schatten dessen, was sich nach dem Tode des Stiers zutrug. Um die Bedeutung dieses Geschehens in seiner ganzen Tragweite zu ermessen, muß man zuvor die wahre Identität dieses Stiers kennen.

Ich habe schon gesagt, daß dieser Stier von jenem andern abstammte, den die Titanen verfertigt hatten, und daß auch Verbindungen zu den Atlanten, den Zigeunern und den Ureinwohnern Zentralamerikas bestanden. Stellen wir zunächst fest, daß die vier Wörter *Titan, Atlant, Gitan* [Zigeuner] und *Yukatan* eine Silbe gemeinsam haben: *tan*[8]. Dies erlaubt uns, eine Vielzahl von Mutmaßungen anzustellen. Die plausibelste Hypothese ist indessen die, daß wir es mit einem Sonnenmythos zu tun haben.

Wie jedermann weiß, sind die frühesten Götter, folgt man Max Müller und zahlreichen der kompetentesten Mythographen, nichts anderes als personifizierte Naturkräfte und die Mythen Gestalt gewordene Metaphern, das heißt: Als sprachliche Figuren ein so großes Ansehen erlangt hatten, daß aus bildhaften Begriffen dinghafte Begriffe wurden, glaubten die Menschen schließlich an deren Wirklichkeit.

Nun ähnelt der Lauf der Sonne vollkommen der Laufbahn des Stiers, wenn er des Morgens aus seinem Zwinger tritt, den ganzen Tag lang mit Wolken kämpft und, ihren unablässig sich verschiebenden Fangstricken unterliegend, alsbald rettungslos in die Nacht stürzt.

Zum andern wissen wir, daß Sonnenkult wie Stierkult ursprünglich phallische Kulte waren, wobei Gestirn und Tier gleichermaßen das männliche Prinzip der Zeugung darstellten. Unser Tier ist also gewiß auch ein phallischer Mythos. Es sollte aber nicht übersehen werden, daß es

8 Oder *tlan*. Am Rande sei darauf hingewiesen, daß das Wort *taureau* [Stier] sich mit den beiden griechischen Buchstaben *tau* und *ro* schreiben läßt, deren erster nichts anderes ist als das magische *Tau* der Ägypter, der Buchstabe von Tôth und Teu Ta Tès.

als solcher notwendig eine Metapher ist, das heißt ein Nichts, ein Gedankenspiel, eine leichte Drehung der Zunge in eines Menschen Mund, dessen klangvolle Höhle so trefflich das Nichts bezeichnet.

Dieser Stier war somit das Nichts, nichts als eine aufgeblasene metaphysische Darmhaut in der Form des männlichen Geschlechts; was Wunder also, wenn Noumena und Phänomena, um über seinen Tod nachzusinnen, sich der Mühe einer Ortsveränderung unterzogen, desgleichen ein Haufen Einfaltspinsel, zwei Bergketten in Abendtoilette und ein halbes Dutzend Spektakel.

Mein Bote jedoch, der Kondor der Anden, hat mir soeben noch eine andere Hypothese nahegelegt...

Alle Welt hat in der *Grande Revue des Folies-Bergère* jenes Arrangement gesehen, das auf der Bühne einen Degen zeigt, dessen Heft von zwei nackten Frauen gebildet wird. Kein Zweifel: derjenige, der diesen Einfall hatte, muß zunächst unbewußt den Ausdruck „blanker Degen" im Sinn gehabt haben.

Das ist nun ein Beispiel für eine wahrhaft konkret gewordene Metapher (aus Fleisch und Blut, wie die Reklame der Revue so treffend verkündet), die in der stofflichen Wirklichkeit und nicht allein in der Phantasie der Menschen Gestalt gewonnen hat. Unser Stier hat demnach, solange er Metapher bleibt, nichts mehr mit dem Nichts zu tun, hat er sich doch hier in eine leibhaftige Kreatur verwandelt, die sich von den nackten Frauen nur darin unterscheidet, daß sie, anstatt einen Degen zu bilden, deren mehrere im Leib trägt, und daß sie stirbt, anstatt mit der Grazie von abblätterndem Gips in Ohnmacht zu sinken. Unsere erste Erklärung aber wird dann von A bis Z zunichte, und man muß davon ausgehen, daß der gesamte Heerbann der metaphysischen Prinzipien sich in Marsch gesetzt hat, nicht um eines der ihren verschwinden zu sehen, sondern weil der Tod eines beliebigen lebenden Geschöpfes ein Ereignis ist, dem dieser Aufbruch sehr wohl angemessen ist, da schließlich durch jenen winzigen schwarzen Punkt, der sich unter die Fliegen des Schlafs mischt, alles in Frage gestellt wird, wenn die Haare, an den Vorhangstangen hängend, traurig verdorren, indes das blinde Fleisch zu Flugasche verbrennt.[9]

Wie dem auch sei – nun ist der Stier verendet.

Nachdem die Toreros ihm Magnetnadeln in den Hals gestoßen, um ihn in die düstern Fallen zu locken, die ihre nimmermüden Beine, federnd wie Stahl, ihm gestellt, hatten sie ihn vollends in die Irre geführt, indem sie als Chimären vor ihm auftauchen ließen:

einen Zug von Mönchen in roten Kutten, die mit brennenden Fackeln einem Verurteilten das Geleit gaben,

einen Stamm von Rothäuten, die um einen Gefangenen geschart den Skalptanz tanzten,

den scharlachroten Kometen, der über die Städte fliegt, ihnen die Pest zu bringen,

und am Ende das Rote Meer, geteilt durch eine tiefe Schlucht, doch drauf und dran, den Stier zur nämlichen Zeit wie die Ägypter zu verschlingen.

9 Eine dritte Hypothese kann erwogen werden. Die Mythen sind plumpe Symbole, Vehikel von Wahrheiten, die manch einer für nichtig ansieht. Dann aber wird der Stier, da auch er Mythos ist, zum Leichenwagen, dem Vehikel des Nichts. Die Hörner bäumen sich auf, schöne, mit Federbüschen geschmückte Pferde, die den prächtigen Kadaver fortschaffen: seine horizontale Wirbelsäule, jeder Wirbel das Glied einer Überlieferung.

Dann hatten sie ihn mit metallnen Stäben durchbohrt, die seine Eingeweide mit ihren eisigen Feuern verbrannten. Noch immer warf die Sonne ihre Strahlen, die sie auf ihrem Schleifstein geschärft, doch die Farbe des Lichts zeigte klar und deutlich, daß alles zu Ende war.

Erst war das Tier in die Knie gegangen, hatte seine Hörner geschüttelt, welche die Luft durchschnitten, dem Flug eines unheilbringenden Vogels gleich; dann war es zusammengebrochen wie ein konservatives Regime unter den Schlägen einer Revolution oder wie die Lokomotive, die auf den störrischen Haß des Saboteuers in Gestalt eines Holzblocks stößt.

Ganz langsam war das Leben aus dieser schönen Flanke gewichen, die prall gewesen wie ein purpurnes Osterei oder wie die Kurve, die eine reife Frucht im Fall beschreibt. Nur eine reglose Masse blieb von dem zurück, was eben noch von so vielen Gezeiten belebt war, und die großen Gliedmaßen lagen da, hingeschleudert wie vom Rad des Henkers, unweit einer Pyramide von Salz. Die fünfzehn etruskischen Magier, die sich ihrer Toreador-Kleider entledigt, hatten mit Hilfe eines Lassos aus den Bandagen einer Mumie, die ihnen für ein Stückchen Brot die Tochter eines Pharaos, die mit einem Bärenführer geflohen war, abgetreten, vier herrliche Pferde eingefangen, schwärzer und wilder als die Pferde vor dem Wagen Phaetons, und mit den Fasern wilder Pflanzen banden sie diese an die Hufe des Stiers, um den staubbedeckten Kadaver dieses Sonnenmythos zur Schlächterei zu schleifen, deren Schlachtbank der untergehenden Sonne zugewandt war.

Schon schnitt der älteste und schmutzigste unter ihnen, nachdem er aus seiner Tasche ein verrostetes Tranchiermesser hervorgezogen und bei der Wahl zwischen den diversen Klingen lange gezögert hatte (dem Korkenzieher, der mechanischen Säge, der Ramme des Pflasterers, der Axt des Holzfällers und der Ananas-Enthirnungsmaschine), rasch den Schwanz des Tieres ab und warf ihn in die Luft.

Doch
er bemerkte nicht,
daß, während
alle zu dieser Stunde greifbaren Gegenstände,
die zum Ruhme der Toreadores in die Arena geschleudert wurden,
zu Boden sanken,
der Schwanz zwischen Himmel und Erde verharrte,
ein tierischer Schweif, nach Norden gerichtet.

Und so kündigte sich das große Debakel an: Eine blaue Zündschnur jagte das Pulverfaß des Tages in die Luft;

die Noumena versanken langsam im Nebel, wo sie für alle Zeiten bizarre Risse hinterließen, Türen, die noch immer offenstehen, und unbekannte Gänge;

die Phänomena zerschellten. Man sah Alpenseen sich mit Hasenställen paaren, und die Kinder, die sie zeugten, starben allesamt, nachdem sie den Himalaya erklommen. Mehrere Züge, bei der Abfahrt vollbesetzt mit Reisenden, waren bei der Ankunft leer; woraus man schloß, daß sie ihre Fracht aufgefressen hatten. Bahnübergänge vermählten sich bürgerlich mit Louis-Philippe-Tischchen, und ihre Nachkommen besaßen nur ein einziges Auge in Form einer Flügeldecke;

pfeilschnell entfloh die Kausalität[10], verfolgt von Raum und Zeit, die, auf Mädchenhandel erpicht[11], sie einsperren und die schändlichste Notzucht an ihr begehen wollten;

die Verbrecher vermachten den Gittern ihrer Gefängnisse unrechtmäßig erworbenes Vermögen;

das Kalziumkarbonat entfaltete sich, zum Fächer verwandelt, nachdem es den Sechserpasch eines alten Dominospiels geohrfeigt hatte;

die Gasherde stemmten sich auf ihre Stierfüße und bedrohten die Tollkühnen, die sie wagemutig zu zähmen versuchten, mit ihren Flammenhörnern;

die papierenen Fliegenfänger machten einen Aufstand und wurden zu papierenen Menschenfängern;

die Schwerkraft hob sich auf, Dickhäuter sanken auf den Wolken in Schlaf, doch sie erwachten wieder als Stechmücken und fielen zur Erde wie Kugeln aus Blei;

zehntausend Vögel – in Wirklichkeit nichts anderes als Repetiergewehre –, die so viel Gold und wertvolle Stoffe verspritzten, daß sich, um diesen wundersamen Guano auszubeuten, ein weltweites Syndikat bildete, das bald alle Spiegelschränke umfaßte;

die Schreibmaschinen, die sich nicht damit begnügten, die Hütten der Oasen zu bewohnen, vertrieben sich obendrein noch die Zeit damit, daß sie die Toten ausgruben, um deren Geschichte durch bloßes Untersuchen der An-

10 An ihre Stelle trat die *bettlägrige Ursache [cause-alitée:* unübersetzbares Wortspiel], das Prinzip der kranken, zerrütteten Ursachen.

11 Angesteckt vom schlechten Beispiel der Substanz, dem Zuhälter der Attribute.

ordnung ihrer Knochenklaviatur in Erfahrung zu bringen;

Trecks von Gegenständen zogen von Stern zu Stern; eine Horde Marine-Standuhren wurde in der Nähe des Aldebaran gesichtet, ein ganzer Geleitzug von Küchenfliesen rückte gegen den Sirius vor.

Jegliche Ordnung und jeglicher Zwang waren aufgehoben, das Universum hing in Fetzen, und vergangene wie künftige Ereignisse traten gemeinsam in Erscheinung, auf dem Pfahl der Geschichte aufgespießt.

Die Menschenfresserei des frühesten Steinzeitalters griff in Paris um sich, auf den großen Boulevards. Der Höhlenmensch trank Bier und zerschnitt die Schaufenster mit Feuerstein, das Mammut graste den Beifall ab, der aus der Oper angeflogen kam, und begrüßte die Plünderung Roms durch die Gallier.

Am Rondell auf den Champs-Elysées schlug Karl Martell zur selben Zeit, als Cäsar Pompejus auf den Pharsalischen Feldern besiegte, die Mauren bei Poitiers, ertränkte die Bartholomäusnacht die Verwünschungen der Protestanten im Geläut ihrer Glocken, und während Jeanne d'Arc inmitten einer Armee von Asiaten, die unlängst den Imperialismus des Westens unter ihrem Geschoßhagel begraben hatten, von den Flammen entstellt, verkohlte wie die befleckte Seele[12] einer alten Bronzekanone oder die Verendeten, welche die Ärmel eines Landsknechts unter Karl V. zierten, da prostituierte Heliogabal, der von seinen Badern Umgewandelte, seinen Kaiserinnenleib, und Saint-Just, hoch oben auf einem

12 âme hat u. a. die Nebenbedeutungen »Bohrung«, »Geschützrohr« und »Kern« (Guß).

Babel von Gesetzen thronend, gab seinen Kopf preis, den das Fallbeil senkrecht wie das schicksalsschwere Gewicht einer Blutuhr sausen ließ.

Derweil näherte sich das Desaster seinem Ende: die Tempora der Verben meuterten, da sie es leid waren, auf den gebrechlichen Schiffen der Sätze über die grenzenlosen Meere der Sprache zu kreuzen; sie ließen alles liegen und stehen und warfen kaltblütig die angesehensten ihrer Substantiv-Offiziere über Bord.

So habe ich nun vom Verschwinden einer Vielzahl von Wörtern erfahren; kaum mehr als das Indikativ Präsens ist noch zu gebrauchen, der brave und getreue Diener, den ich auszeichnen werde.

Ich weiß kaum mehr zu sagen als dies:

Die Schlachtbank trübt die Sandbank
die Schlachtbank trübt die Sandbank
keine Verbindung mehr, wenn man tot ist
keine Visiten des Universums
das Absolute
welche Spur führt dorthin?

Ein seltsames Gefühl quält mein Gehirn; es ist wie die Hammerschläge, von denen ich gesprochen habe. Was wird da aus dem Lärm der Jahreszeiten? Ich glaube gar, er ist betrunken, Insekten bohren sich in mein Fleisch. O weh! O weh! O weh! Wie weh das tut, wie weh... Es ist, als nehme man den Muskelstein und äße ihn mit Eichblättern. Ich sehe die Pflastersteine, die entlang den verlassnen Straßen die schönsten Liebesmale tragen. Wo ist der Garten der Blinden, die Lampe, die sich mitten auf dem Familientisch erhebt, wo die achtschwänzige Knute an der Wand und wo die Weide, die um eine kreideweiße Ophelia trauert? Doch das Dröhnen schwillt an. Die Sonnenblumen modern auf den Friedhöfen. Gewiß ist's eine Hacke, die mir auf den Kopf schlägt. Arbeiter, Steinklopfer, ihr seid meine Genossen, doch um Himmels willen, wie weh tut ihr mir doch! Ich gleiche dem Stier. Mein Bauch ist mit Degen gespickt, wie die Flanken so vieler andrer von Schneisen durchzogen sind. Ich weiß nicht mehr, wie mir geschieht. Die Speise, die Materie, die Sonne.

Ich liebe den geschminkten Mund der Wörter. Das ist ein triftiger Grund. Die Arbeiter veranstalten heute abend einen tollen Lärm in der Fabrik der weißen Gebeine, die am Berghang liegt. Ich höre ihre Maschinenhämmer. Sie zerstoßen meine Wirbel. Ich bin nicht der Stier. Wo bin ich bloß?

Feuerzauber.

Ach, da bin ich wieder... es ist die Zeit der Commune. Der Maler Courbet hat mich gefällt, und ich liege am Boden, in Stücke zersprungen, die den Schuppen einer alten Schlange gleichen, ich, die Vendôme-Säule...

Paris, September 1926

Bestimmte Orte, Ereignisse oder Gegenstände, bestimmte sehr seltene Umstände erwecken in uns das Gefühl, wenn sie plötzlich vor uns auftauchen oder wir in ihnen verstrickt sind, daß ihre Funktion im allgemeinen Weltlauf darin besteht, uns mit dem in Kontakt zu bringen, was es in uns an Ureigenstem gibt und was gewöhnlicherweise völlig verschwommen, wenn nicht geheimnisvoll verborgen ist. Es scheint, als würden jene Orte, Ereignisse oder Umstände die Macht besitzen, während eines kurzen Augenblicks an die banal uniforme Oberfläche, durch die wir gewöhnlich an der Welt haften, einige Elemente hervorzuholen, die aufs innigste mit dem Leben unserer Tiefenschicht verknüpft sind, um sie gleich wieder – an einem anderen Arm oder an einer anderen Kurve hinuntergleitend – in das schlammige Dunkel zurückzubefördern, aus dem sie emporgestiegen waren.

SPIEGEL DER TAUROMACHIE

Geschehen lassen oder geschehen machen, so lautete die Alternative, und ich weiß auch heute nicht besser als gestern, welchen der beiden Wege ich einschlagen soll. Den einer gewissen Passivität (früher: mich den Umtrieben der Worte überlassen; heute: abwarten, bis das Gefühl reif genug ist, um sich quasi von selbst auszuformulieren) oder den anderen Weg einer willentlichen Aktivität (durch irgendeine geistige Vornahme oder einen technischen Trick, die beide freilich noch zu entdecken wären, sich darauf einstellen, anders gesagt: den Worten nachzulaufen anstatt sie kommen zu lassen.[1]

Die Texte dieses Bandes *Wörter ohne Gedächtnis* sind geprägt von Leiris' surrealistischer Vergangenheit und seinem Aufbruch in die eigenständige Entzifferung der Sprache, der Welt und des Ich. »Ich verdanke dem sehr viel, und in gewisser Weise halte ich mich immer noch für einen Surrealisten.«[2]

Seit Leiris 1924 eine erste poetische Skizze »Désert de mains« (Händewüste)[3] publiziert hatte, lebte, schrieb und agierte er bis 1928 im Kreis der Surrealisten, von 1925 an im Widerstreit mit Breton, in Freundschaft mit Ba-

1 M. Leiris, *Das Band am Hals der Olympia*, Fischer Taschenbuch 3613, S. 119

2 M. Leiris, *Das Auge des Ethnographen*, Frankfurt/M. (Syndikat) 1978, S. 277

3 In: M. Leiris, *Bacon Picasso Masson*, Fischer Taschenbuch 3610, S. 63–66

taille, Masson, Desnos und Salacrou. 1926 reiste er nach Ägypten, wo er seinen Freund Georges Limbour wiederfand. Er begann eine Psychoanalyse, die er mit der Beteiligung an der Expedition »Dakar-Djibouti« 1931 abbrach.[4]
Leiris' frühe Texte sind seinen Vorbildern für ein »surrealistisches Leben« gewidmet. Viele Arbeiten stehen in engstem Bezug zu André Massons Bildern: entweder werden sie von Leiris poetisch umschrieben oder sie illustrieren Leiris' Poesie.

Mots sans mémoire erschien erstmals 1969 in einer auf 2500 Exemplare limitierten Ausgabe bei Editions Gallimard, Paris, und wurde 1978 unverändert neu aufgelegt.

Der Band enthält die frühen Texte: *Simulacre* (Trugbilder), 1925; *Glossaire j'y serre mes gloses* (Glossar, die Glasrose), 1925–1939; *Le Point cardinal* (Der große Himmelspunkt), 1927 und ein Gedicht für Miró »Marrons sculptés pour Miró« von 1961 und den dem *Glossaire* verwandten Text »Bagatelles végétales« von 1956.[5]

Der Band *Grande fuite de neige* wurde 1926/27 geschrieben und erschien 1934.

Mit der Übersetzung der frühen Texte aus diesen Bänden sind Leiris' Arbeiten aus der surrealistischen und

4 Vgl. H.-J. Heinrichs, *Ein Leben als Künstler und Ethnologe. Über Michel Leiris*. Frankfurt/M. und Paris (Qumran) 1981, S. 17–34 und 128–131

5 Der Band enthält außerdem eine einseitige Liste mit zehn von Leiris auserwählten Büchern: ein anagrammatisches Gedicht des 19. Jahrhunderts, Arbeiten von Desnos, Duchamp, Hugo, Jacob, Queneau, Roussel und Satie.

nachsurrealistischen Zeit, außer *Haut mal*, auf Deutsch zugänglich.[6]

Neben diesen poetischen Arbeiten entstanden in der Zeit von 1924 bis etwa 1930 erste Künstlerportraits (über Jacob, Eluard, Mallarmé, Masson, Miró und andere)[7] sowie Essays über Magie und Okkultismus.[8]

6 *Aurora* und *Spiegel der Tauromachie eingeleitet durch Tauromachien*, München (Matthes & Seitz) 1979 und 1980; *Lichte Nächte und mancher dunkle Tag*, Frankfurt/M. (Suhrkamp) 1981; *Große Schneeflucht*, Frankfurt/M. und Paris (Qumran) 1982

7 *Die Lust am Zusehen. Texte über Künstler des 20. Jahrhunderts* und *Bacon Picasso Masson*, Fischer Taschenbuch 3609

8 In: *Das Auge des Ethnographen*, Frankfurt/M. (Syndikat) 1978, S. 245 ff.

So aufmerksam man auch alles sieht, was geschieht oder geschrieben wird: wenn man lange genug lebt, kommt immer ein Moment, wo man spürt, daß man den Anschluß an seine Zeit verloren hat. Früher war man im Bilde, oder man bildete es sich wenigstens ein. Jetzt stellt man fest, daß auf dem Gebiet, das man doch für das seine halten möchte, viele sicher bemerkenswerte Dinge ohne einen über die Bühne gehen, und manchmal sogar, ohne daß man auch nur das geringste davon verstanden hätte. Und der Schluß daraus, gegen den man immer wieder aufbegehrt, den man aber, wider Willen, eines schönen Tages doch zu ziehen hat: man ist aus dem Text gekommen.
(M. Leiris, *Das Band am Hals der Olympia*, 1983, S. 241)

In Leiris' Werk gibt es eine Aufteilung in ethnologische, literarische und essayistische Arbeiten – und zugleich deren Irritation: das ineinandergreifende Ausprobieren ethnologischer, prosaischer, poetischer, poetologischer und allgemeintheoretischer Einstellungen, Haltungen und Schreibweisen. Diese Linie der Irritation und Negation tradierter Raster zwischen Kunst und Wissenschaft erstreckt sich von den programmatischen Aufsätzen »Das Auge des Ethnographen«, »Äthiopische Graffiti« und »Das Heilige im Alltagsleben« über das Afrika-Tagebuch *Phantom Afrika* zu dem ethnopoetischen Gedicht »Die Nereide des Roten Meeres«, der vierbändigen Autobiographie *Die Spielregel* und dem Textbuch *Das Band am Hals der Olympia*: eine Sammlung von Impressionen und Skizzen, poetologischen und autobiographischen Aufzeichnungen, von Betrachtungen über das Altern, den Tod und die Moderne, verfaßt in der Form des nicht romanhaften, aber erzählenden und essayistisch aufgelösten Schreibens.

Unter diesem Blickwinkel erscheint Leiris' Frühwerk als einseitig: poetische Entwürfe, nach dem Ideal einer reinen Poesie. Vom Ende seines Werkes her gesehen läßt sich diese einseitige Praxis allerdings auch als komplex und »mehrdisziplinär« im Sinne einer poetischen Linguistik deuten.

Leiris' experimenteller Umgang mit der Sprache, auf dem Hintergrund seines wissenschaftlichen Sprachverständnisses, ist auch der Anknüpfungspunkt für einen Sprachbesessenen wie Jacques Lacan: »Keiner kennt sich hier besser aus als er«, schreibt er angesichts Leiris' *Glossar*, in dem Lacan seine These realisiert sieht, daß das Werk nicht Zeichen, sondern Bedeutungsknoten ist. (Das *Glossar* war auch für Artaud Anlaß, auf die Bedeutung eines solchen Sprachverständnisses für die Dichtung hinzuweisen.)

Leiris' spielerischer Umgang mit der Sprache ist immer geprägt von der »Spielregel« seines Lebens – eine existentielle Dimension, in der Umformungen, Transformationen, Dekonstruktion und Neukonstruktion ihre Kontinuität und Stringenz erhalten und lebensweltlich gebunden bleiben. (Es gibt nur wenige Passagen in Leiris' Werk, die den Eindruck vermitteln, das Spielerische löse sich von dieser existentiellen »Schwere«.)

Leiris gewinnt entscheidende Impulse für seine poetische Linguistik aus der Aktualisierung seiner Kindheit und der Erfahrung des Heiligen im Erlebten. Im Aufspüren seiner Kindheitserlebnisse entdeckt er in sprachlichen Ausbrüchen, in Laut- und Wortfolgen, die Spuren seiner Sozialisation und seiner »archaischen« Vergangenheit.

Mit einer Art Urszene beginnt Leiris den ersten Band seiner *Spielregel*, die gleiche, mit der er sich auch das »Heilige im Alltagsleben« zu erschließen versuchte: Ein Zinn-Soldat, der ihm beim Spielen glücklicherweise nicht zu Boden fällt, entlockt ihm den spontanen Ausruf »...Reusement!« Die Freude über diesen gefundenen sprachlichen Ausdruck für ein nicht eingetretenes emotionales Unglück wird ihm sofort durch jemanden verdorben, der ihm den »richtigen« Ausdruck »heureusement« vorsagt. Dieser von außen eingesetzte sprachlich korrekte Ausdruck schafft aber eher einen Augenblick von Sprachlosigkeit, von Fremdheit: »mundtot, Beute einer Art Schwindel«. »...Reusement!« scheint für das Kind Michel *die Welt* zu sein, bis ihm jemand mit »heureusement« das Tor zur Welt (Verständigung) aufschlägt. Im beginnenden »Wortgeklapper«, im »Dunst der Wörter« erschließt sich eine Welt aus Wörtern und Sachen, aus Namen und Objekten, deren Beziehung rätselhaft, seit Urzeiten zugleich festgeschmiedet und zufällig, oberflächlich erscheint. Die eigene Spielregel finden heißt, den eigenen Standort im hermetisch verschlossenen *und* oberflächlichen Kontinuum zwischen Dingen und Worten, zwischen Ich und Welt zu finden, zumindest zu beschreiben, zu notieren – ein Unternehmen, das nicht unter dem Zeichen des Heldischen steht, sondern unter dem des Scheiterns begonnen und beständig neu fortgesetzt wird. In »heureusement« klafft eine Lücke auf (»...Reusement«) – wie ein Glück ohne G. Entweder man spaltet seine Ungeschicklichkeit und seine Mängel vom »Mißlingen und Scheitern in allem« ab oder man verfolgt deren Bezüge wie eine Spinne das Netzwerk ihrer Fäden – in dieser Situation hat sich Leiris immer vorgefunden.

Leiris' Bücher sind Entwürfe gegen das wort-lose Scheitern und auch gegen die wort-gewaltige Emphase. Das Scheitern ist Angelpunkt eines *Lebens*, das sich auf das Schreiben bezieht, und eines *Schreibens*, das ohne eine entsprechende Lebenserfahrung nicht denkbar wäre.

Schreiben – als selbsterhaltende Tätigkeit hoch besetzt und zugleich als unnütze, zum Mißlingen verurteilte Schreiberei gefürchtet und verdammt – in dieser Spannung und in unermüdlicher Selbstreflexion bahnt sich Leiris einen Weg durch das Gestrüpp seiner Psyche, seiner Sprache und derjenigen seiner Väter. Die *Faszination* an seinen eigenen Kritzeleien oder an den Graffiti von Kindern in Äthiopien und *die Leidenschaft* für das Operettenhafte, das Dramatische und Komödiantische, ob in Paris oder beim Voudou in Haiti und beim Besessenheitskult in Ostafrika, bilden Knotenpunkte in Leiris' Leben, die sich anekdotisch und konzeptuell durchsetzen.

Leiris schreibt als besessener Poet, als Chronist seiner Umgebung und als Ethnologe, der andere Kulturen mit in seine Reflexionen einbezieht. Er zeigt seine Vorlieben, Neigungen und Idealismen und wie er sich kontinuierlich im Laufe der Jahre von so mancher Illusion trennen mußte, sei dies der Idealismus in der Geistesgeschichte oder der spanische Stierkampf. Auch wenn der Stierkampf die Aura eines großartigen Geschehens einbüßt, behält er doch seine modellbildende Funktion für Leiris' Poetik.

Seine Faszination am Stierkampf – von ihm mit äußerster sprachlicher Perfektion in literarischen und poetologischen Skizzen verarbeitet – korrespondiert seinem Wunsch, wie ein Torero die Sprache zu beherrschen. Er zeigt sich als Herr und Opfer einer Leidenschaft und eines Wunsches auf Leben und Tod: das Ungetüm Sprache zu packen, im Strudel der Wörter zu sprechen, den Schwindel als Trug und als Besessenheit mit Lust und Angst festzuhalten und ihm zu entweichen.

Michel Leiris als Matador und als mittelmäßiges Modell – so stellt er sich in seinen Arbeiten der zwanziger, dreißiger Jahre dar. Sein Narzißmus, als Konstruktion eines umfassenden Selbstbilds und als Selbstzerstörung, sucht nach einer adäquaten literarischen Form. »Literatur als Stierkampf« und »Literatur als Selbstentblößung« sind dafür Formeln.

Leiris' Frühwerk ist ein Stierkampf: Das Wort packen – damit das innere Feuer und der Sturm sich in der Schwebe halten. Die Literatur ist die Arena; in die Windungen der Sprache verschlagen sind die Sätze des Dichters Angriff und Sturz, »schwindelerregendes Pendel«, eigener Schrei und Niedergeschrien-Werden. Wenn der Dichter, wie der Matador, noch »kerzengerade« steht, hat ihn die Angst schon am Kragen gepackt, und es liegt an seinem Geschick, dem Todesstoß auszuweichen, »lebensgefährliche Drehfiguren auszuführen«, *die Formel* zu finden, *das Wort* zu sagen, der »Spielregel« eine Form zu geben. Wie ein Matador spielt der Dichter die »Rolle eines Ikarus oder die Don Juans, der nur dank seiner außergewöhnlichen Kraft – oder Verschlagenheit – die endgültige Vernichtung abzuwehren vermag« (*Miroir de la Tauromachie*).

»Literatur als Stierkampf«, »Literatur als Selbstentblößung« – das drängt sich bei der Lektüre von Leiris' Arbeiten *Miroir de la Tauromachie* ohne Umschweife auf, das legen Arbeiten wie *Grande fuite de neige* oder *Aurora* nahe, und das formuliert Leiris 1945/46 als Programm: in seinem Vorwort zur zweiten Auflage seines berühmten autobiographischen Textes *L'Age d'homme*.

Von sich selbst aufrichtig, ohne Gefälligkeit zu sprechen und in dieser Dimension eine Literatur zu entwerfen, die wenigstens noch den »Schatten eines Stierhorns« widerspiegelt, das soll den Selbstentwurf auf eine Katharsis und Reinheit lenken und die Literatur einer materiellen Bedrohung aussetzen – ein »tragisches Licht«, das zugleich die Schatten dieser *Befreiung* wirft: »Ich war mir zuwenig klar darüber, daß auf dem Grunde jeder Introspektion ein Gefallen an der Selbstbetrachtung liegt und auf dem Grunde jeder Beichte der Wunsch nach Absolution« *(L'Age d'homme)*.

Stierkampf, Selbstentblößung, Reinheit, Totalität und Poesie lauten für Leiris die Schlüsselwörter dieser Zeit, die aber kein »Schatzkästlein« öffnen, nur zuweilen einen Spalt zu dem Verborgenen und Maskierten, zu den Trugbildern, Ordnungen und Labyrinthen. Verbunden weiß sich Leiris in diesen Neigungen und Leidenschaften seinen Freunden André Masson, Georges Bataille, Laure und Pablo Picasso. Das Erotische und Existentielle, das Poetische, Poetologische und Malerische in der Tauromachie sind bestimmende Impulse bei einem Großteil der französischen Künstler in den zwanziger, dreißiger Jahren.

Wie für den »frühen Leiris« die Tauromachie – in ihrer Dissonanz und Überschreitung – ein existentielles Modell im kleinen, gleichsam im Nahkampf abgibt, so markieren die Astrologie und Magie Linien und Bezüge des persönlichen Geschicks im großen, im Makrokosmos. Gegen die Verlockungen der alles ordnenden Ratio, dem »Brackwasser der Logik«, den »erniedrigenden Netzen ihrer Doktrinen«, lenkt er den Blick auf das Universum, von dem er allerdings kein Heil erwartet, das ihn gerade nicht in Ruhe läßt, das ihn anstachelt. In seiner Sichtweise erscheinen Magie und Revolution als zwei Seiten eines revoltierenden, gegen die eingetrockneten Wege aufbegehrenden Subjekts – Augenblicke der Harmonie sind Illusionen von einem Tangentialpunkt mit der Welt, »ein kurzer Paroxysmus, der nicht länger als ein Blitz währt und sein Aufleuchten allein der Tatsache verdankt, daß er sich im Schnittpunkt einer Vereinigung mit einer Trennung, einer Akkumulation mit einer Verausgabe befindet« *(Tauromachie)*. Wenn Leiris auf das Universum, auf das Ganze zu sprechen kommt, stützt ihn kein mystischer Glaube mehr – höchstens der Rest eines verblaßten Wunsches, mit der Welt einen Pakt geschlossen zu haben –, er sieht den Konflikt, die Krise, das Tiefe und Erbärmliche des menschlichen Schicksals, der menschlichen Mühen. Die *Tragödie* ist dafür der augenfälligste Ausdruck. Der Verlust an einem solchen Weltbezug bringt den Pragmatismus, Empirismus und sogenannten Realismus zur Blüte und Langeweile zur alles verstümmelnden „Entfaltung“. Alle dialektischen Verbindungen und Verwicklungen der lebendigen Gegensätze werden dann geopfert für ein Ideal, das sich vor allem durch seine (illusionäre) Berufung auf *das Denken* einen Platz in der Gesellschaft sichern will.

In seinen 1937/38 geschriebenen Texten über den Stierkampf und die tauromachische Kunst *seziert* Michel Leiris die Elemente dieses Schauspiels, *analysiert* deren Bedeutung, *poetisiert* und *poetologisiert* in stilistischer Perfektion und leidenschaftlich in die Beschreibung involviert das Geschehen in der Arena, den Kampf auf Leben und Tod – in der Dimension »viriler Schönheit«, der Überschreitung, der Entstellung, des Unheils, der Dissonanz und des Heiligen.

Der Stierkampf und der Ort seiner Austragung sind für Leiris letzte Übungsgelände für Zeremonie und Ritual, für Fest und Tragödie; die tauromachische Kunst als eine gleichsam objektivierte Vielfalt von Spiegelungen unserer Emotionen.

Wie Leiris 1964 (in seinem Vorwort zu dem bereits 1926 entstandenen Text *Große Schneeflucht*) schreibt, übertrug er damals seinen »Kosmopolitismus auf das übrige Publikum, das in Wirklichkeit aus Sommerfrischlern und Provinzlern bestand, für mich jedoch zum repräsentativen Modell der ganzen Menschheit wurde, so wie sich das Geschehen zum Weltende oder zum Jüngsten Gericht verwandelte«.

Es ist dieser »sakrale Taumel«, der ihn fasziniert: Die gesamte Aktivität des Torero, des Dichters oder des Liebhabers gründet »auf dem winzigen, aber tragischen Spalt, der das preisgibt, was in unserer Conditio unvollendet (wörtlich: unendlich) ist« – *no man's land*, Interferenzzone.

Sieht Leiris im *Modell des Stierkampfs* die Möglichkeit, den Tod in das Leben einzubeziehen, ja ihn »in gewisser Weise vollständig zu gestalten« – und zieht er daraus entsprechende poetologische Konsequenzen –, so ist das Verschwinden in *Große Schneeflucht* nicht so todesgewiß, mehr spielerisch, sprach- und wortspielerisch, verliebt und verwickelt in Assoziationen und in den »geschminkten Mund der Wörter«. Das Gefecht bleibt ein Gefecht im Angesicht des Todes, der sich aber verhüllt und maskiert als Wortgetümmel und Wortgerassel, »unvermeidlich aussichtslose Poesie«. Der dem Tod geweihte Stier wird hier zum Spielball surrealistischer Phantasien... »Wie dem auch sei – nun ist der Stier verendet.«

Poesie als »Große Schneeschmelze« – und »pfeilschnell entfloh die Kausalität«.

Schwindel und Taumel der Wörter – das sind seit dem Surrealismus und Expressionismus immer wiederkehrende Bilder für den ekstatischen Bezug des Dichters zur Sprache, seine über die sprachliche Vielfalt wahrgenommene chaotische Vielfalt der Dinge. Dieser im Kopf erzeugte Schwindel der Wörter verlangt zugleich nach Besänftigung und Strukturierung. Leiris' Werk ist zu einem Teil Zeugnis dieser individuellen Unternehmungen von Unordnung- und Ordnung-Schaffen in den (Ur-)Elementen der Sprache, einer Evokation von privat- und allgemeinmythologischen Bezügen, eines Ausschöpfens des in den Worten enthaltenen Repertoires an Um-deutungen.

Angesichts der Konsequenz, mit der Leiris daran gearbeitet hat, läßt sich nur auf einen zwanghaften Charakter oder gegenteilig, auf eine extreme Fähigkeit im Umgang mit Verdrängen und Enthüllen, Verschieben und Verdichten schließen. Dieser zweite Typus ließe sich als ein im Bewußtsein des Scheiterns sich bewundernd zusehender Narziß bezeichnen – ein kontradiktorischer Charakter, wie er vielleicht überhaupt nicht denkbar ist. Dieser Narziß wäre letztlich Funktion seiner eigenen Ritualisierungen. Er spiegelte seine Leere oder seine reine Faktizität. Leiris' Texte scheinen manchmal ein Bild eines solchen Charakters zu sein.

Wenn sich Leiris' Projekt am Ende immer mehr in den hermetisch verschlossenen Raum einer rätselhaften Intimität von Subjekt und Sprache zurückzieht, löst sich dieses Projekt geradezu aus den autobiographischen Fesseln und wird zur Poesie. Eine Poesie, die sich jedoch immer wieder versucht als »realistisch« zu bestimmen.

ACHTUNG GEFAHR!
Ist es für einen Schriftsteller wie mich, der sich seit langem schon gern einen »Realisten« nennen möchte, nicht eine Illusion zu glauben, er stehe mit beiden Beinen fest auf der Erde und sei solide im Realen verankert, wenn seine Suche nach Realitäten doch nur solche berücksichtigt, die aufreizend genug sind, eine bestimmte Faszination auszuüben und virtuell vergessen zu machen, daß sie nur Sonderfälle sind, die einem bei weitem die gesamte Bürde der Realität nicht akzeptabler machen können? Diese gewinnenden Realitäten, deren Erinnerung ich mit Wohlgefallen durchknete und die für mich erlesene Materialien darstellen, sind in Wirklichkeit nur Einschläferinnen: liebenswürdigen Ablenkungen gleich, entschärfen sie viel eher meine Furcht vor dem allzu Wirklichen, als daß sie in der Lage wären, mich authentisch mit dem Magma von Torheit und Leiden zu versöhnen, aus dem die Welt besteht, in der ich lebe. Sie wissen sich als elitäre Luxusrealitäten auszuweisen, jenen Armen vergleichbar, die sorgfältig genug ausgewählt sind, damit der Papst in einer erbaulichen Zeremonie ihnen die Füße wäscht, oder jenen Sträflingen, die politisch genehm genug sind, um unter das Amnestiedekret zu fallen.

(M. Leiris, *Das Band am Hals der Olympia*, 1983, S. 238.)